すし本

海から上がって酢飯にのるまで

岡田大介

ビジュアルだいわ文庫

大和書房

はじめに

すしの世界ってなんだか小難しくて、ハードルが高い……？

「予約必須の高級すし店」や「こだわりの頑固職人」、食事マナーや食べる順番。たしかにそんな世界もあるけれど、実はもっと気楽で、自由で、幸せな場所が「すし屋さん」。頭でっかちにならず、背伸びもせずに、自然体で食べる「すし」。知らないことは聞けばいい。感じたことを素直に発すればいい。それくらい肩の力を抜いて、すしの美味しさを楽しんでいただきたい。そんな思いを大前提に、この本を書きました。

さて、そんな「すし愛」を伝えたい僕は一体どんな人物なのかというと、1979年2月生まれ、24歳のとき東京に「酢飯屋」というすし店を開いて20年弱。無類の魚好き・釣り好きです。本書では、すし職人目線と釣り人目線の両面から、一歩踏み込んだすしの美味しさを紹介しています。さらに魚愛と漁師の皆さんへのリスペクトのもと、すしになる前の魚の美しさや釣りの楽しさ、漁のすごさ、ひいては生きものの命をいただくということまで、楽しみながら読んでいただけるように書いています。

本書内の写真は自分が握ったすしの写真、釣った魚の写真が主体ではありますが、自分で釣れなかったものは一部、写真をお借りしています。

魚があるから、すしが握れる。海や山、川があるから魚が生きられる。

そんな当たり前にして壮大な物語が、一貫の小さなすしには詰まっています。

どのページを開いても、すしが食べたくなる魅惑のすし本（人によっては、どのページを開いても釣りに行きたくなってしまう、すし本）。

どうか一つでも心に残るページがありましたら幸いです。

それでは、Fishing & Sushi Trip へ、レッツゴー！

すし本
海から上がって酢飯にのるまで

目次

はじめに 2
本書の見方 8

1 赤身

クロマグロ 10
ミナミマグロ 14
キハダ 16
ビンナガ 18
メバチ 20
カジキ 22
カツオ 24
ハガツオ 26
シイラ 28

2 光り物

コハダ 32
シンコ 34
サンマ 36
サヨリ 38
マイワシ 40
マアジ 42
シマアジ 44
マサバ 46
ゴマサバ 48
サワラ 50

コラム1 魚の皮ずし 52

3 白身

マダイ 56
クロダイ 58
メイチダイ 60
ヒラメ 62
エンガワ 64
カレイ 66
トラフグ 68
タチウオ 70
アマダイ 72
キンメダイ 74
マハタ 76
アカハタ 78
アオハタ 80
キジハタ 82
オオモンハタ 84
サーモン 86
サクラマス 88
キス 90
カワハギ 92
ウマヅラハギ 94
ノドグロ 96
ムツ 98
クエ 100
アラ 102
イサキ 104
メジナ 106
スズキ 108
ヒラスズキ 110
アイナメ 112
マゴチ 114
ホウボウ 116
ヤガラ 118
カサゴ 120
メバル 122
カマス 124
イシダイ 126
イトヨリダイ 128
ホッケ 130
マダラ 132

マナガツオ 134
ブリ 136
ヒラマサ 138
カンパチ 140

4 イカ・タコ

ヤリイカ 144
ホタルイカ 146
スルメイカ 148
ケンサキイカ 150
アオリイカ 152
コウイカ 154
カミナリイカ 156
ソデイカ 158
マダコ 160
ミズダコ 162

5 貝

アカガイ 166
ホタテ 168
トリガイ 170
ホッキガイ 172
アオヤギ 174
タイラガイ 176
ハマグリ 178
ミルガイ 180
ツブガイ 182
サザエ 184
アワビ 186
イワガキ 188

6 エビ・カニ

クルマエビ 192
シャコ 194
アマエビ 196
ボタンエビ 198
シマエビ 200
サクラエビ 202
シロエビ 204

ズワイガニ 206
ケガニ 208
ハナサキガニ 210
コラム2 エビのしっぽ問題 212

7 長物

マアナゴ 216
ウナギ 218
ハモ 220
ウツボ 222

8 魚卵・ウニなど

イクラ 226
トビコ 228
カズノコ 230
シラコ 232
ムラサキウニ 234
キタムラサキウニ 236
バフンウニ 238
アカウニ 240
シラウオ 242
コラム3 すしと醤油の、もう一歩先へ 244

おわりに 246
索引 255

本書の見方

魚のページ

魚の生態や釣り方・
漁法などを紹介します。

すしのページ

すしダネの魅力や
味わい方を紹介します。

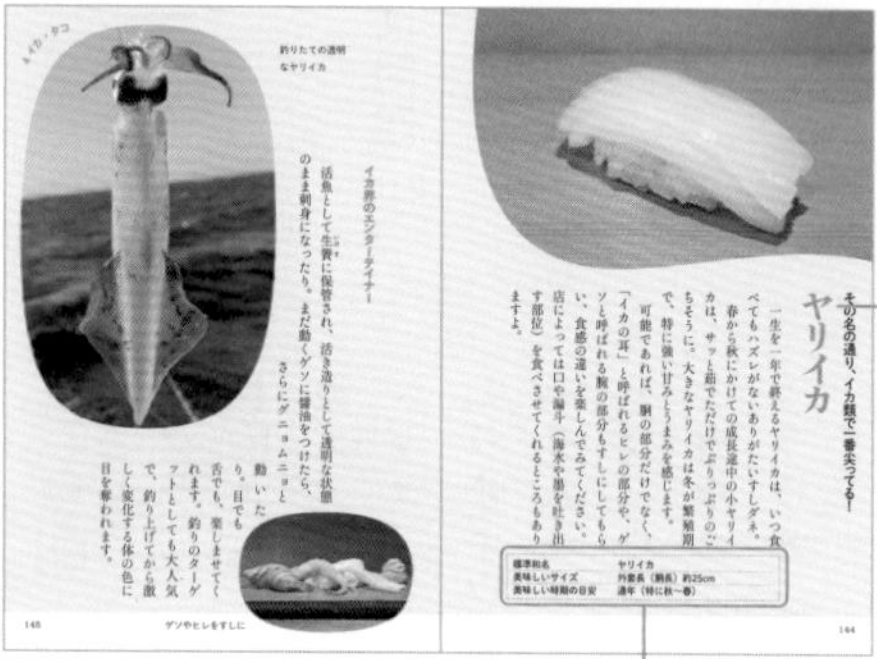

すしダネ名

一般にすし店でよく見かける
表記を採用しています。

データ

標準和名	
美味しいサイズ	著者の経験にもとづき、特に美味しいと感じるサイズを紹介しています。「○cm以上」の表記は大きくなっても味が落ちないもの、「約○cm」は大きくなりすぎないほうがよいものです。
美味しい時期の目安	魚の「旬」には地域差があるほか、気候変動などの影響を受けて変化し続けています。そのため一般的な「旬」表示ではなく、著者がすし職人として魚を仕入れ、美味しいと判断した時期を記載しています。

1 赤身

クロマグロ

すし界の絶対王者

すしダネとしての存在感、盛り込みでの鮮烈な赤色。そして濃厚なうまみ、優れた栄養価、酢飯との抜群の相性……。「本マグロ」とも呼ばれるクロマグロは、ほかの魚と比較せずとも、圧倒的な魅力が詰まっているという意味での〝絶対王者〟です。誰がなんと言おうと、美味しいんだもの。

握りはもちろん、骨に付いた中落ちや皮ぎしの濃厚な脂をスプーンで掻きとり、包丁でたたいてネギと一緒に巻き物にすれば、ネギトロ巻きの完成！　とろける脂たっぷりの脳天や、噛みごたえのある頬の肉まで、どこを食べても味で説得されます。

標準和名	クロマグロ
美味しいサイズ	1.5m以上
美味しい時期の目安	秋〜冬

賛否両論が自然
大トロ

大トロが大好きな人もいれば、苦手な人もいたり。一貫だけ食べたいという人や、炙れば好きという人もいたり。意見が分かれがちですが、実は体によい脂がたっぷり。口に入れると、とろけていきます。クロマグロ一匹から取れる量が少ない上に、人気もあるので高価なわけですが、体が欲するのであればそれはきっと、魚の脂を欲しているということ。反対に、欲さないなら食べなくてもよい。大トロの見方は、賛否両論が自然です。

キング・オブ・バランス！
中トロ

赤身の〝肉のうまみ〟と、トロの〝脂のうまみ〟をハーフ・アンド・ハーフで同時に味わえてしまう贅沢な部位。口の中に入れると、絶妙な味バランスを繰り広げ、これでもかというほどの〝うまみ〟を表現してくれます。

まるで生のお肉!?
赤身

魚の多くは部位ごとに味や食感が異なりますが、魚体が大きくなるほどにそれは顕著。マグロの赤身を塩・コショウで食べたことはありますか？　今では食べるのが難しい牛肉の刺身のように、血液由来の生命の味を感じることができます。

1 赤身

王者の風格に
最敬礼

こってりも、さっぱりも

さあ！　大トロ、中トロ、赤身、どれを握りましょう？　写真を見ているだけで、あるいは文章を読んでいるだけで、唾液が出始めているあなた、正常です。

今の気分に合わせて柔軟に選べるほど、部位それぞれに魅力をもっているのも、クロマグロの贅沢な特徴です。

まずは赤身からどうぞ！

木目のように
美しい断面

インドカレーVSインドマグロ

ミナミマグロ

南半球の海域に広く分布することからミナミマグロという名前がついていますが、インド洋で多く漁獲されたため、「インドマグロ」とも呼ばれています。

マグロの中でもうまみを強く感じる魚種のため人気が高く、赤身は酸味が穏やかで、トロは甘さがかなり濃厚です。クロマグロと比較されがちですが、すしで握ったときのインパクトは、マグロ好きにも納得していただけるはず。ぜひ名前を覚えておきましょう！

今、あなたが食べたいのは、インドカレー？　それともインドマグロ？

標準和名	ミナミマグロ
美味しいサイズ	1m以上
美味しい時期の目安	通年

凍った状態で
はるばる日本へ

南半球からやってきたうまいヤツ

ミナミマグロの漁は、縄に何本もの釣り針とエサを付けて獲る「延縄《はえなわ》」と呼ばれる方法や、仕掛けを船で引きながら泳がせる「トローリング」と呼ばれる方法で行われます。日本にはほぼ冷凍で届くミナミマグロ。南半球へ、いつか自力でも釣りに行ってみたい!

ミナミマグロの中トロ握り

サメVS人間？

キハダ

黄色く伸びた背ビレと尻ビレが特徴的なマグロの一種。

クロマグロのように深みのある赤色の身を持つマグロではありませんが、状態のよい身質であれば鮮やかな赤色で、生のまますしにするとねっとりとして、美味しくいただけます。

脂も少なめなので、キハダに求めるべきは、パンチ力のあるわかりやすい美味しさではありません。白身魚のすしをいただくときのように、繊細なうまみの探り方で楽しむことをおすすめします。

標準和名	キハダ
美味しいサイズ	1m以上
美味しい時期の目安	通年安定している

1 赤身

「黄色」のヒレ
にご注目

あたたかい海を好んで泳ぐマグロ

釣り上げる途中でサメに襲われてしまうことも多いキハダ。そんな光景を見るたび、食物連鎖を感じずにはいられません。本書の出版に向け、高知へキハダ釣りに出掛けたものの、2回とも台風に拒まれて悔しい思いをしております。しかし、それもまた釣り。

下の写真は三重県沖で釣り上げられたものです。

理想的な
1m超え

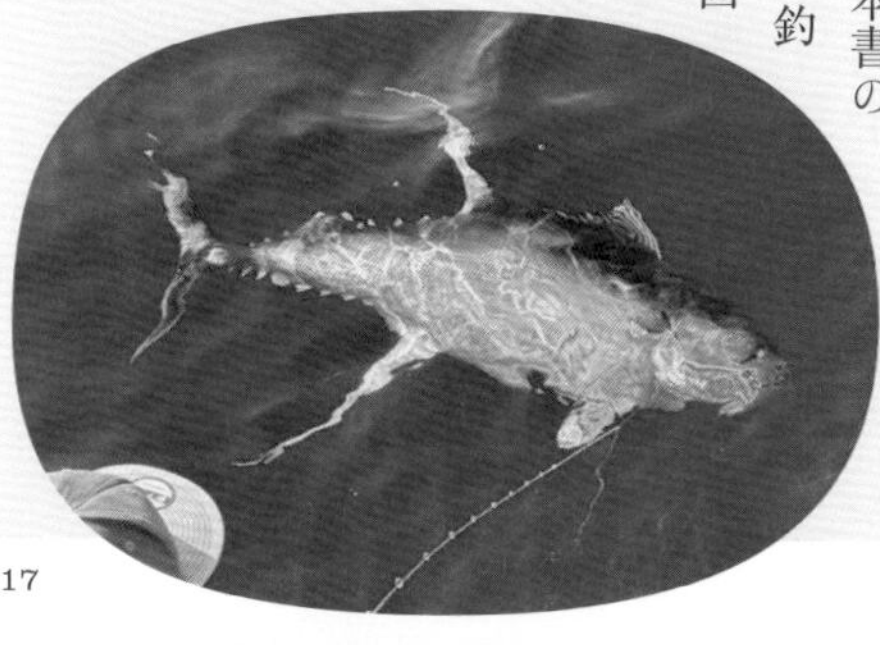

もみあげが長っ！

ビンナガ

通年多く水揚げされることもあり、安価なイメージのビンナガは「ビンチョウ」とも呼ばれ、回転寿司店などでもよく見かけます。

マグロの中では小型な種類なので、脂も少なめ。クロマグロなどに比べて身の色も薄いですが、さっぱりとした味のビンナガのすしもオツなものです。

ちなみにビンナガのビンとは、実は「鬢《びん》（もみあげ）」のこと。特徴的な、かなり長い胸ビレをたとえているようです。

標準和名	ビンナガ
美味しいサイズ	1m以上
美味しい時期の目安	秋〜冬

これが
長〜い胸ビレ

トンボのようなマグロ？

「延縄」や「トローリング」などで漁獲されるビンナガ。胸ビレを広げたときの形から、「トンボ」と呼ぶ地域もあります。

実は疑似餌で釣ることもでき、秋から始まる「トンボジギング」シーズンになると、釣り人たちがそわそわし始めます。

ツナ缶の原料にもなる
ビンナガ

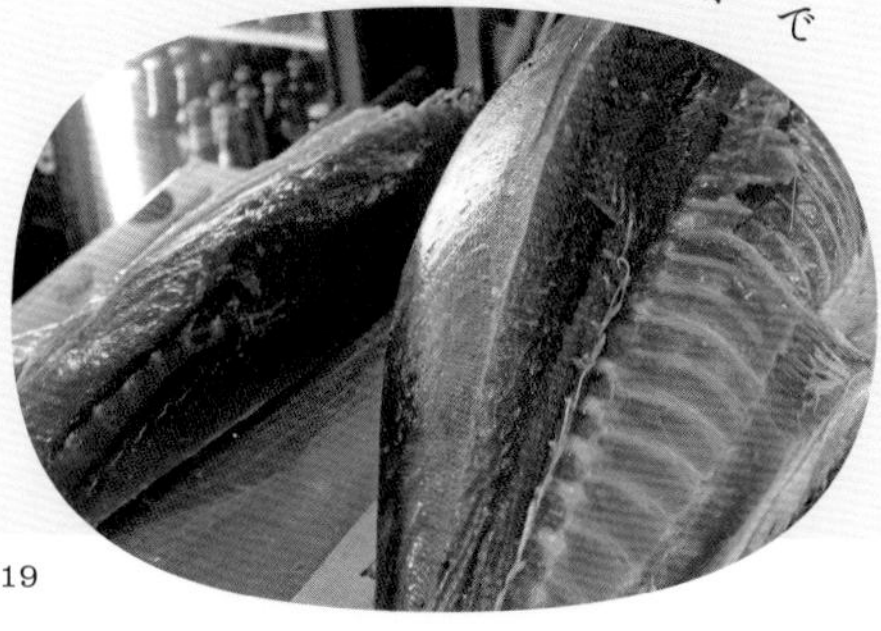

衝撃の肉々しさ！

メバチ

冷凍で流通していることが多いメバチですが、寒い季節になると、美味しい美味しい生のメバチが出始めます。

生の赤身は、ほどよくさっぱりとしたうまみとねっとりした食感、そして鮮烈な赤色が特徴です。すしで食べない理由が思い浮かばないほど、酢飯との相性もぴったり。

ちなみに生のメバチも、醤油以外に塩・コショウで食べてみると、焼肉にする前の生肉を食べているのかと錯覚してしまうほど肉々しいですよ。

標準和名	メバチ
美味しいサイズ	1.5m以上
美味しい時期の目安	秋〜冬

1 赤身

くりっとした
眼で“メバチ”

色褪せない身の美しさ

おもに「延縄」などの遠洋漁業で獲られますが、釣りでも狙うことが可能なメバチ。ほかのマグロ類に比べて、とにかく色が悪くなりにくいのも大きな特徴です。生食できる鮮度のうちはずっときれいな赤色を保ってくれるので、料理人としても使いやすく、食べる人の食欲もそそってくれます。

まさに
生肉の塊

カジキ

"カジキマグロ"という魚はいない

世界には13種類、日本近海には6種類のカジキがいます。メカジキ科のメカジキ、マカジキ科のマカジキ、クロカジキ、シロカジキ、バショウカジキ、フウライカジキ。一般に、煮付けでよく登場するのはメカジキです。すしにして極上なのは、味の濃いマカジキやシロカジキ。その他のカジキはさっぱり系という印象です。

腹部分のトロよりも、背中側の脂の質がよいことが多く、すし職人が狙うのは、背中の頭側あたりの部位。そもそもすし屋に並ぶこと自体が少ないため、生のカジキを食べることができたらラッキーです！

標準和名	メカジキ、マカジキなど
美味しいサイズ	大きいほど味がよい傾向
美味しい時期の目安	通年

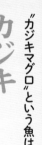

水揚げされる
シロカジキ

釣りのターゲットとしても人気

海面を飛び跳ねて暴れるカジキの姿は、とにかくエキサイティング。仕掛けを生きた魚に見せかけながら巡航する釣り方（トローリング）で狙います。

魚体が人間より大きいことが多く、危険を伴いますが、釣り上げたときの達成感といったら。……と、釣り上げたこともないのに妄想してみるのでした。

10kg超のメカジキのブロック

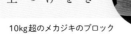

カツオ

実は少ない、身の赤い魚

身が赤い、俗にいう赤身の魚というのは圧倒的に少ないものです。マグロのない刺身の盛り合わせを想像するとわかりやすいですが、魚の多くが白身。そんな中、カツオの鮮やかな赤は見た目にも食欲をそそり、実際に〝生命力にあふれたうまみの塊〟。

カツオは、分厚く切って食べると本来の味が堪能できます。握りずしのカツオの存在感も堂々としていますが、わら焼きにしてもまた格別。スライスにんにくを筆頭に、たっぷりの薬味とともに口一杯にほおばったときの幸せたるや。これを巻きずしにした「土佐巻き」も僕の大好物です。

標準和名	カツオ
美味しいサイズ	60cm以上
美味しい時期の目安	春（初ガツオ）、秋（戻りガツオ）

おなかの
縦じまが印象的

たくましく泳ぎ、北へ南へ

広い海を回遊するカツオは、エサとなる小魚に遭遇すると、水面に飛び上がるほど勢いよく追いかけまわし、豪快に捕食します。

漁法は「一本釣り」が効率よく、クオリティの高いカツオが獲れる漁として有名です。一般人でも狙うことができ、生きたカツオに出合うチャンスがあるのも釣りの魅力の一つです。

わら焼きの香り
届いてますか？

いいとこ取りの最強コラボ!?

ハガツオ

個人的には〝カツオとサワラが合わさったような魚〟と表現したいのがハガツオです。見た目も味も、この2種類が混ざり合ったような感じで、鮮度が落ちるのは早いものの、とにかく美味しいんです！　だって、カツオとサワラを同時に楽しんでいるような味ですよ。想像できますか？

すしダネとして握ってももちろん抜群で、きめ細やかな脂が酢飯ととろけ合い、弾けて混ざり合います。

標準和名	ハガツオ
美味しいサイズ	50cm以上
美味しい時期の目安	通年

対馬で釣り上げたハガツオ

大きな口と歯を持つカツオ?

ギザギザに尖った歯がたくさん並ぶ口を見ると、肉食性が一目瞭然。カツオに似た見た目と、特徴的な歯から「ハガツオ」と名付けられたと言われます。しかし、カツオが「スズキ目サバ科マグロ族カツオ属」に対し、ハガツオは「スズキ目サバ科ハガツオ族ハガツオ属」。似ているけれど、違う。これだから、生き物もすしも面白い！

背側にストライプ模様あり

泳ぐツタンカーメン!?

シイラ

シイラと聞いて、どんな味を想像するでしょうか？　外見が美味しそうじゃない、なんて言わないでください。見た目はともかく、ほかの魚種に比べると鮮度がかなり重要なのと、生食の場合はきちんと下処理を行わないと食中毒の危険があります。加えて、あたたかい海を好むシイラの釣りシーズンは夏で、夏のシイラを食べた人には「淡白な味わい」と思われがち。

ですが、実は脂がのって美味しくなるのは秋冬なんです。釣りの難易度は上がりますが、脂がのった秋冬のシイラを食べたらきっと驚くと思います。

標準和名	シイラ
美味しいサイズ	1m以上
美味しい時期の目安	秋〜冬

1 赤身

生きている間
は鏡面ゴールド

釣り人を惹きつける色彩豊かな魚

ゲームフィッシングとしても人気の高いシイラ釣り。泳いでいるときの青い背中、釣り上げたばかりの金色に輝く魚体。目の前でエサを追いかけまわし、飛び跳ねる姿から、かなりエキサイティングな釣りを楽しむことができます。

近年の海水温上昇にともない、日本でもかなりの広範囲でシイラが確認されています。

穏やかなピンクの
身が赤身の所以《ゆえん》

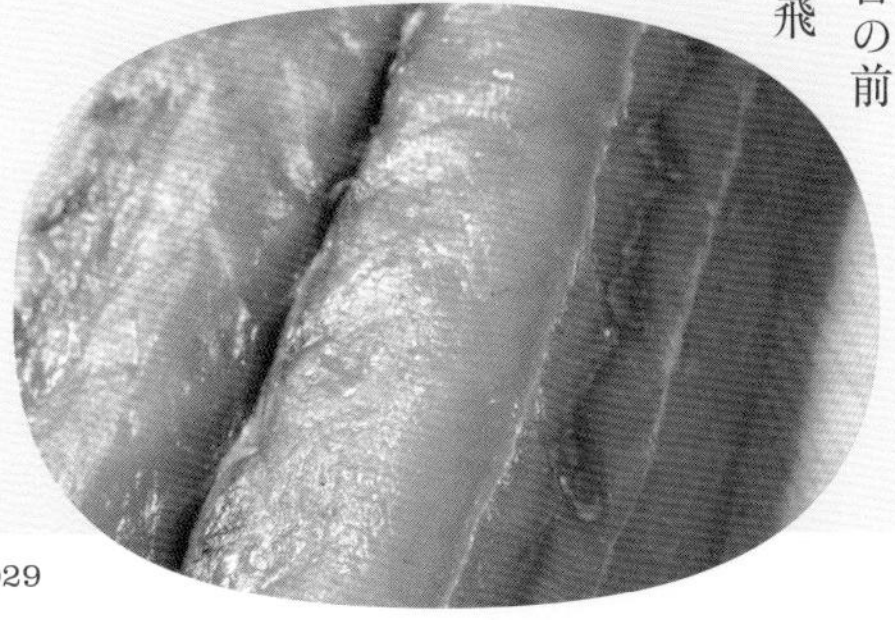

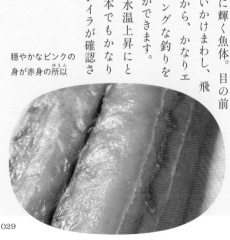

2 光り物

「いただきます」の鑑

コハダ

漁獲後はおもにすしになるコハダ。近年は数が減っている上に、獲り方は漁師の技が光る「投《と》網漁《あみりょう》」。小さな一匹一匹の下処理をし、ようやく握りずしになります。数百円でいただけるすしとは思えないほど多くの人が関わり、食材魂を繋いでいることを忘れずに。酢締めが一般的ですが、鮮度のよいコハダはそのまま食べられます。

　酢締めにする際の締め具合は非常に繊細で、塩や酢に漬ける時間に秒単位でこだわります。ぜひ職人に「今日のコハダは塩と酢、どのくらいの時間締めていますか？」と聞いてみてください。

標準和名	コノシロ
美味しいサイズ	約10cm
美味しい時期の目安	通年（脂ののりで締め具合を調節）

小さな命を
いただきます

江戸前の光り物代表

「シンコ（5㎝前後）」「コハダ（10㎝前後）」「ナカズミ（13㎝前後）」「コノシロ（15㎝以上）」と大きさによって呼び方が変わる魚で、すし屋ではおもにコハダやシンコが好んで使われます。コハダの産卵期は春で、一番脂がのるのはお盆過ぎです。さっぱりとしたコハダと、脂のあるコハダ。それぞれのよさがあります。

開いて振り塩
したコハダ

精神と時のすし

シンコ

板前根性と、折れない精神力を鍛えてくれる魚。みなさまご存じコハダの幼魚「シンコ」、僕も大好きです。酢締めした光り物と「シェリー酒」の相性に衝撃を受けたのは20代半ば。〝マリアージュ〟ってこういうことか！　と思わされた瞬間でした。

出世魚として有名なシンコは、大きくなるにつれ呼び名が変わります（33ページ）。シンコはこのスタートであり、「初心忘るべからず」を象徴する魚。仕込みや味付けは、基本に忠実に。どの世界でも〝ベタ〟が基本なのだから。シンコのすしに、新しい調理法は要りません。

標準和名	コノシロ
美味しいサイズ	約5cm
美味しい時期の目安	夏

数匹使って
一貫のすしに

驚かせないよう、慎重に

コハダと同じく、海面の穏やかな日に船を出して「投網」で漁獲します。
音に敏感な魚のため、船のエンジンは切り、手漕ぎでそっと近づいて網を投げます。もし気付かれてしまったら一斉に潜ってしまうという、かなり繊細な漁です。

網を投げた瞬間！

高嶺の魚

サンマ

毎年当たり前のように食べていたサンマも、あれ、今年は食べたっけ？　というほど、いつのまにか貴重な魚に。近年でピークだった頃の10分の1どころか、全然獲れない魚になってしまいました。〝大衆魚〟という認識は、もう持たないほうがいいのかもしれません。

とろりと美味しいサンマの脂は、すしでも、刺身でも、塩焼きでも多くの人を魅了します。一方で、脂がないサンマをよしとする「サンマ寿司」という郷土寿司も存在します。どちらにしても人気のサンマ、見かけたらぜひご堪能ください。

標準和名	サンマ
美味しいサイズ	30cm以上
美味しい時期の目安	秋〜冬

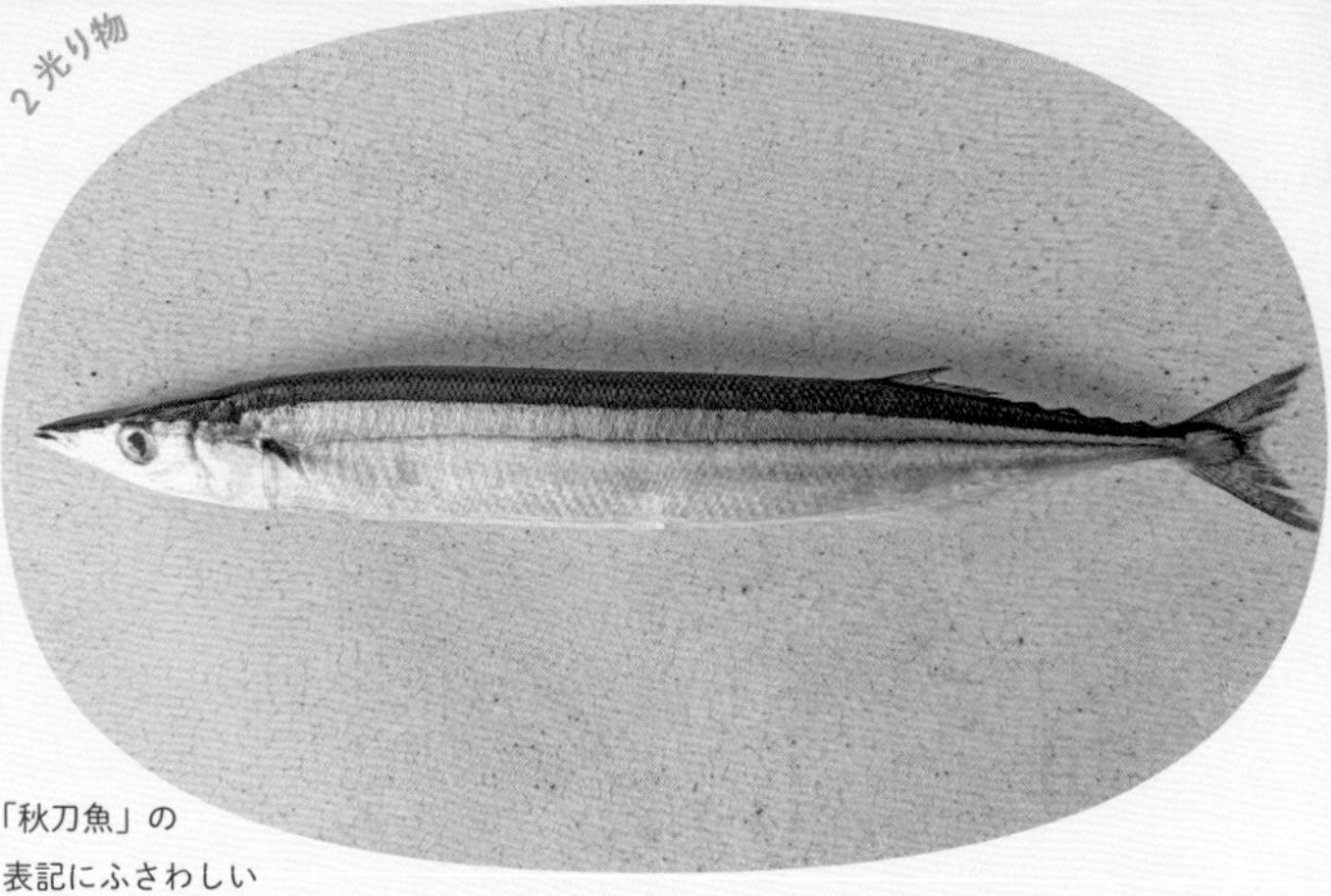

「秋刀魚」の
表記にふさわしい

北海道では堤防から釣れることも

サンマ漁の解禁が話題になりますが、北海道の一部地域などでは堤防からサンマが釣れたりもします。

とはいえ、運よく港にサンマの群れが入ってきたタイミングで北海道のその場所にいなければ釣ることはできませんので、地元の方々の特権ですね。

赤・銀・青に
食欲をそそられる

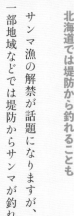

光る白身?
サヨリ

下アゴが長く伸びた独特な形は、近くで見れば見るほどユニーク。

光り物と白身魚を掛け合わせたかのように、繊細なのにしっかりと美味しさを感じる不思議な味わいが特徴です。鮮度が落ちると青くささが出るので、薬味を合わせがちですが、理想は鮮度抜群のサヨリを、皮をむきたてでつるりと食べたいところ!

サヨリのすしは、塩をつけて食べるのが一番サヨリ本来の味を楽しめるように思います。脂がのったサヨリの美味しさも格別ですが、脂のないさっぱりとしたサヨリの香りと味も魅力的です。

標準和名	サヨリ
美味しいサイズ	30cm以上
美味しい時期の目安	冬〜春

とんがりを指で隠すとサンマ似

銀色のパレット！

サヨリの美しさは何かと問われれば、銀色使いのバリエーションの豊富さです。ＴＨＥ・シルバーな部分もあれば、腹側は透明感のある銀色をしていたり。背側はブルーシルバーに輝いたり。

魚は食べて楽しむだけではなく、見ても楽しまなきゃ損、損！

紅色の下アゴ

マイワシ

永遠の賛美魚

マイワシにとって人類は最大の天敵ですが、マイワシを獲るのは我々だけではありません。海の中ではカツオやブリに追いかけ回され、空からは鳥に狙われる。これは、きっとマイワシがどの生き物にとっても、栄養豊富で美味しい存在だからでしょう。小さめで食べやすく、身がやわらかくて、脂ものっています。

「天敵だらけの運命でかわいそう」と憐れむのではなく、マイワシのおかげで多くの生き物が命を繋いでいることに敬意を表していただきましょう。

標準和名	マイワシ
美味しいサイズ	20cm 以上
美味しい時期の目安	秋〜冬

大型は通称
「大羽《おおば》イワシ」

新鮮なものを、さっと湯に通しても

堤防からのサビキ釣りや、魚の群れを網で囲んで獲る「巻き網漁法」などで獲ることができるマイワシ。

能登地方では、2~3月ごろに脂がたっぷりのった鮮度抜群のマイワシを、お湯でさっと湯掻いて食べる文化があり、個人的にイワシの美味しい食べ方第2位に君臨しています（一番は、やっぱりすし！）。

マイワシのしゃぶしゃぶ

基本の師匠

マアジ

「味」がいいからアジとの説があるように、どのように食べても美味しく、「釣りを始めるならアジ釣りから」「魚をさばいてみるならアジから」と、魚初心者のすべての基本に選ばれるのがアジです。全国各地に生息することもあり、誰もが知る魚の一つ。日本近海でも50種類以上のアジが確認されているようですが、一般にアジといえば「マアジ」であることが多いです。

コリッとした新鮮なマアジを醤油や塩で食べるすしも、2、3日寝かせてねっとりとしたものをネギや生姜などの薬味で食べるすしも、うーん！　どっちも食べたい！

標準和名	マアジ
美味しいサイズ	約20cm
美味しい時期の目安	通年

「黄金アジ」
と呼ばれる
根付きマアジ

新鮮なマアジはフライにしても格別

回遊性のマアジが多い一方で、浅海の岩礁付近に定着する「根付きのマアジ」もいます。よく太り、脂がたっぷり。背中は金色に輝いています。

釣りたての鮮度のよいマアジは、アジフライにしてもふわっふわで本当に美味しいですよ。このために釣りに行きたいくらい。長崎県松浦市はアジフライの聖地として有名です。

アジの開きを
練習する
子ども

醤油は酢飯側につけるべし！

シマアジ

アジ類ですが、カンパチのように熟成向きな身質の高級魚です。体の中央に黄色の縦じまがあるのが名前の由来とされ、65㎝ほどまで育ちます。現状、市場に出回るものの多くが養殖ですが、天然のシマアジも脂が濃厚で食感がよく、初めて食べたときはアジの仲間とは思えなかったくらいです。

酢飯との相性も抜群ですが、少々薄めに切りつけて握るくらいがすしにしたときのバランスがいいように思います。シマアジの身を醤油につけると、醤油の表面に脂が広がってしまうため、酢飯側にちょこんと醤油を吸わせることをおすすめします。

標準和名	シマアジ
美味しいサイズ	約50cm
美味しい時期の目安	夏～秋

このシマアジ
は養殖です

針にかかっても油断せず、慎重に

パワフルな引きで釣り人を惹きつけるシマアジ。沖だけでなく、陸からも釣ることができます。

アジの仲間なので口が弱く、せっかく釣れても口が切れて針が外れてしまうことが多いので、慎重な取り込みが必要。

見た目では天然と養殖の見分けがつきにくいです。

黄色い立派なヒレに
クローズアップ

なんだかんだサバ

マサバ

鮮度のよい生サバの刺身、塩と酢で絶妙に締めたシメサバの握りずし、ゆず果汁で締めたしっとりまろやかな高知の「ゆの酢シメサバ」……。好きな魚を聞かれたら、僕はマサバと答えます。特にシメサバのすし。マサバそのものも十分美味しいですが、締める塩梅と時間でそれ以上の味わいになるところも大好きです。一方で、寄生虫のアニサキスが怖くて冷凍する店が増えた現状はしばらく続きそう。ものを食べる上で「知らないこと」はこわいこと。安心して美味しいものを食べるために、消費者も学ぶことが未来の常識になる気がします。

標準和名	マサバ
美味しいサイズ	30cm 以上
美味しい時期の目安	秋〜冬

マサバ特有
の背の模様

海上のサバゲー？

〝サバを読む〟の語源とも言われるサバ。鮮度が落ちやすいサバは昔、早く売りさばく必要があり、市場などで数え間違えることが多かった、とのことです。

群れで泳ぐことが多く、狙っている別の魚の仕掛けを何度落としてもサバばかり釣れてしまうことがあり、「サバゲー（サバゲーム）」なんて呼ばれたりします。

酢で締め、
シメサバに

コリコリのうちに食すべし！

ゴマサバ

サバのすしというと無条件にシメサバをイメージするかもしれませんが、その多くはマサバだと思います。一方、このゴマサバは身質上、新鮮なうちに生で食べるのに向いています。そのため、ゴマサバと出合うときは生である確率が高いはず（ちなみに、水揚げしてすぐ鮮度のよいうちに塩をして、「すわり」という塩締めの状態にできるなら、ゴマサバのシメサバも美味しく仕上げることができます）。

熟成させなくとも美味しいゴマサバは、ぜひコリコリのうちに味わって！

標準和名	ゴマサバ
美味しいサイズ	30cm以上
美味しい時期の目安	夏～冬

ゴマ模様が
あることが多い

釣ったあとにしっかりと冷やす

群れに当たると入れ食い状態で釣れるゴマサバ。自らの熱で身が焼けてしまいやすいので、釣ったあとの下処理と冷やし込みが肝心です。

上の写真のように尾の部分が切れているのは、「血抜き」と「神経締め」を行ったしるしです。

コリコリの
ゴマサバの刺身

サワラカッターでスパッ！

サワラ

口を開くと鋭く尖った歯がズラリと並ぶ、超肉食魚。海の中では素早く泳いで獲物を捕らえます。サワラの歯はそれなりに太い糸でもカッターのようにスパッと切ってしまうため、金属のワイヤーを使って漁獲する場合もあるほどです。

自慢の歯を駆使して美味しい魚をたくさん食べ、大きくなったサワラは、自らも美味しく成長します。すしはもちろんのこと、加熱調理をしてもふわふわ、しっとりとしたやわらかい身を楽しませてくれます。

標準和名	サワラ
美味しいサイズ	1m以上
美味しい時期の目安	秋〜冬

ワイルドすぎる
ビジュアル！

加熱した半生状態もうまい

すし以外に僕が一番好きな食べ方が「わら焼き」です。

サワラの皮は、瞬間的な熱でも火が通りやすい特性があり、これを活かすと皮付き・半生・わらの香りを同時に楽しむことができます。

にんにく醤油や生姜醤油で食べると味覚に層ができ、さらに満足度の高い一品になります。

怪獣のような歯

コラム1 魚の皮ずし

本書では、魚の「皮」の大切さを随所に散りばめて書いています。

皮は視覚的にも面白いものですが、見た目の美しさの先にあるうまみや香り、身とはまったく異なる食感、調理次第での変化も皮の魅力です。

逆に皮をとってしまうと、一体何の魚だったのかを言い当てるのが難しいと言えるほど、魚の魅力は半減してしまいます。そのため皮まで美味しく食べられるよう、熱を利用した定番の調理法があります。「湯引《ゆび》き」や「湯霜《ゆしも》」といって、魚の皮の性質に合わせて時間を調節しながら、皮目に熱湯をかけたり、熱湯に通したりすることでほどよく噛み切れるやわらかさにしたり、「焼《や》き霜《しも》」といって皮目だけを焼いたり炙ったりします。

とはいえ、すしを作る過程やお品書きの並び順、すしを提供する際の場の雰囲気など、魚の皮を引いた（取り除いた）ほうがよい場面というのも多々あるものです。その際、僕は引いた皮を絶対に無駄にしません。

実際によく作っていたのが、大切な魚の皮だけで作る「皮ポン」というすしです。

魚の皮を炙り、熱でくるりと丸まったところを5ミリ幅に切ってポン酢に漬け込みます。さまざまな魚の皮をどんどんストックし、混ぜていきます。薄いものはパリパリと香ばしく。肉厚なものはもっちりとした食感に。いろいろと混ぜることで、口の中で面白く変化する一品になります。

提供するときは、焼き海苔（全形の8分の1サイズほど）に一口大の酢飯をちょんとのせ、その脇に汁気を切った「皮ポン」を、数個まとめてギュッと添えます。召し上がるお客様は、海苔を折り

「皮ポン」ずし

たたむようにして一口手巻きずしにして、口の中へ。

「皮ポン」からジュワッと出るポン酢の酸味と皮のうまみで海苔を溶かし、酢飯と混ぜるように噛む。

何種類もの魚たちが皮になってもなお、私たちにたくさんのメッセージを投げかけてくれます。

もう一つ、魚の皮ずしを紹介しましょう。

シメサバを自分で作ったことはありますか？ないという方のために、流れを簡単に説明します。

まずサバをおろして塩をします。塩を洗い流したあと酢に漬け、酢から上げたら数時間寝かせて骨を抜き、皮をむいて、切りつけて食べる。これがシメサバの王道の仕込みです。

塩と酢で締める加減は、シメサバの仕上がりに大きく関わる職人技の一つです。そして最終工程には、「皮をむく」作業があります。

塩と酢の作用によって身から皮がほんの少しだけ浮き上がり、道具を使わなくとも手だけで簡単にむくことができるようになります。

さあ、サバの皮。

ウロコはとってあり、酢締めにしているのでほどよくやわらかい。さすがに脂はほとんど残っていないものの、しっかりと味がある。

そもそものポイントは「どうして食べられるサバの皮をむいてしまうのか？」ですが、皮をむけば、ギンギラ青白く光るサバの身が現れて美しいからです。

サバの皮ずしは本当に地味な色で、味わいもサバの身に比べるとなんとも優しすぎますが、網目のような皮から透ける酢飯は一見の価値のある芸術品です。

本当にサバ好きなら、ぜひ皮まで愛してあげてください。

サバの皮ずし

3 白身

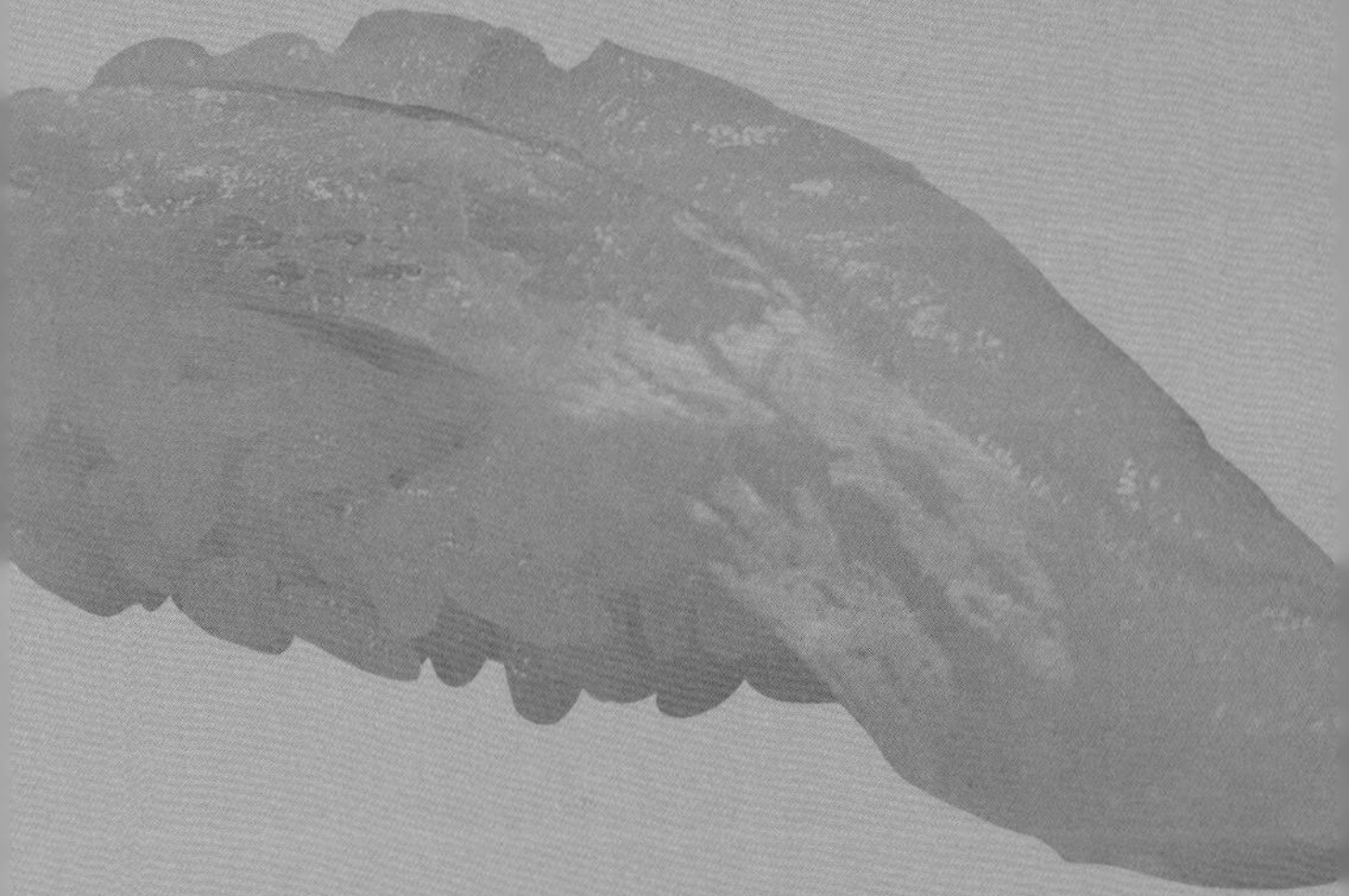

意外と知らない「タイ」の世界

マダイ

美味しい、きれい、めでタイ！　なんとなく、タイにはよいイメージがたくさんあるのではないでしょうか。誰もが知る有名魚ですが、生態や食文化としての歴史にも魅力がたっぷりな奥深い魚です。養殖も盛んなので、天然ものと食べ比べ、養殖技術の進化を舌で追うのも面白い。ちなみに、「鳴門骨《なるとぼね》」と呼ばれるコブ状の骨がまれに生じますが、これは高確率で天然ものの証。激流を生き抜く間に、疲労骨折した箇所が治癒して太くなったものとされます。

この世には生涯記憶に刻まれるほど、衝撃的に美味しいマダイが存在しますよ。

標準和名	マダイ
美味しいサイズ	約50cm
美味しい時期の目安	通年（特によい時期は地域差あり）

輝点《きてん》と呼ばれる青い点が光る

マダイの旬っていつだろう？

1月の玄海灘、7月の紀伊水道、12月の瀬戸内海……。マダイが美味しい時期は各地で異なり、今後もどんどん変化していくと思われます。そんなマダイは、釣り人からも圧倒的人気を誇るターゲット。エサ釣りはもちろんのこと、「タイラバ」と呼ばれるタイに特化した疑似餌などを使って狙います。クセになる引きですよ！

湯引いて皮も美味しく

「白身魚」食べ比べクイズ！

クロダイ

すしダネとしてよりも、生き物としての奥深さを理由に釣り人から親しまれている魚です。地域差はあると思いますが、脂がのって美味しい時期は、産卵前の冬あたりです。

マダイが沖合に生息するのに対し、クロダイは内湾や磯などにいることが多いです。そのためマダイとは味が違い、どこか野生的な香りを含んでいます。

あの特徴的な香りを知っているという意味で、目隠しをしてクロダイのすしを食べ、魚種を言い当てられる方は、よっぽど魚とすしが好きな方だと思います。

標準和名	クロダイ
美味しいサイズ	約40cm
美味しい時期の目安	通年（特によい時期は地域差あり）

いぶし銀の
かっこよさ！

釣り人がいう〝チヌ〟って？

クロダイは昔から、関西方面の釣り人には「チヌ」と呼ばれています。大阪湾の古称である「茅《ち》渟《ぬ》の海《うみ》」でよく獲れたことが由来とされます。

性転換する魚としても有名で、1～2歳の頃はオスですが、2歳を過ぎると卵巣が発達し、最終的には多くの個体がメスになります。

黄色がかった
眼も特徴の一つ

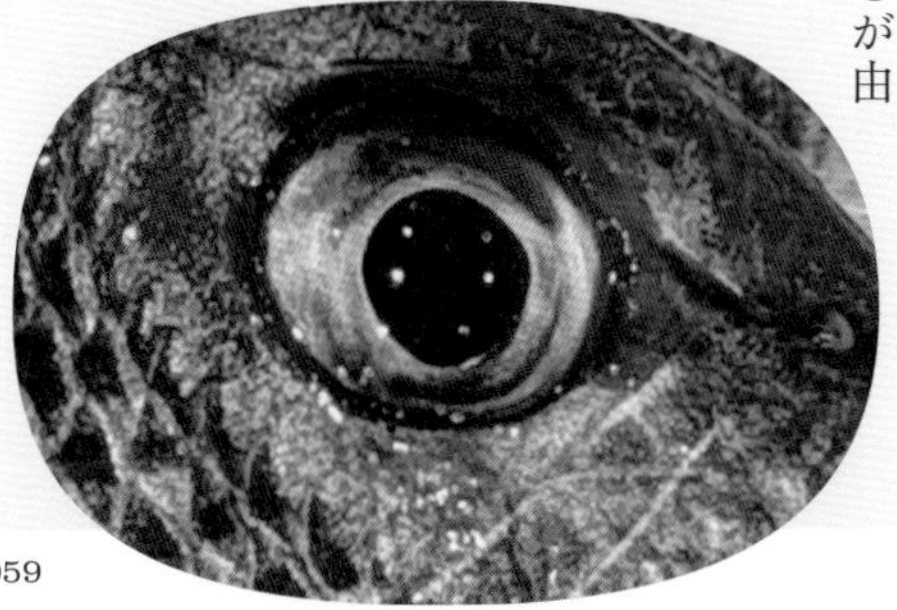

この魚、覚えておいて損はなし！

メイチダイ

眼にたすき掛けのように「1」というしまが掛かっているので、「眼1（メイチ）」。東京ですし修業をしていた頃は名前も知りませんでしたが、初めて食べた味のインパクトが強すぎて、その日から忘れたことはありません。見つけたら購入しようと思っても、なかなか出合えず。

刺身でも十分美味しいですが、酢飯の力はやっぱりすごい。すしにすると味がいっそう際立ち、この白い切り身のどこにこんなうまみが隠れているのだろう？　と感じます。「メイチダイ」、頭の片隅に入れておいて損はないですよ。

標準和名	メイチダイ
美味しいサイズ	30cm 以上
美味しい時期の目安	夏～秋

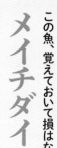

3白身

眼のしまが
くっきりした個体

漁獲量は少ないが、釣り方はシンプル

地味な見た目とは裏腹に、強烈に美味しいメイチダイ。簡単なタックル（釣り道具）で釣ることが可能ですが、僕はまだ一度も釣ったことがなく。本書が完成するまでに釣りに行けるかどうか。このページに僕が釣り上げた写真がなかったら、そういうことです……。

時間が経って
しまが消えた!?

ヒラメ

フラットなのは見た目だけ(生態も味も尖ってる)

ヒラメとカレイは見た目が似ているのでよく比較されますが、「口」を見ると違いは一目瞭然。ギザギザに尖った歯と大きく開く口を持つヒラメは、アジやイワシくらいなら簡単に丸のみしてしまうほどの肉食魚です。また、頭を下に向け、顔を正面から見て両眼とも体の左寄りにあるのがヒラメです。すしの修業中、「左ヒラメに右カレイ」と教わったものです(例外あり)。

白身魚の中でもうまみを感じやすく、噛み締めるごとに味が出てきます。3~6月頃が産卵期なので夏には痩せ細り、味も落ちます。ヒラメの旬は秋から冬です。

標準和名	ヒラメ
美味しいサイズ	約50cm
美味しい時期の目安	秋~冬

これぞ
「左ヒラメ」！

どんな環境にも適応する柔軟な魚

水温の低い北海道近海から、あたたかい九州近海まで幅広く分布する、環境適応能力の高い魚です。ヒラメやカレイは体色変化が自由自在で、環境に合わせて色や模様を変えることができます。海底がまだらの場合は、体の模様もまだらに。砂底そっくりに擬態し、砂をかぶって海底に潜み、近寄ってきた獲物を狙います。

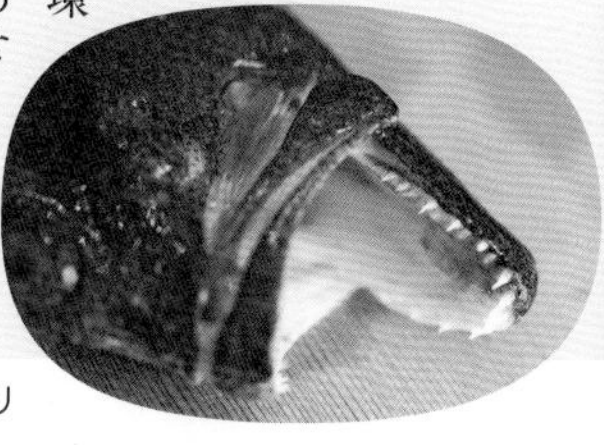

大きな口に尖った歯がズラリ

エンガワ

エンガワ目、エンガワ属、エンガワ⁉

ある食事の席にて、同席した方が「エンガワという魚がいると思っていました」とひと言。そうか、そうだよな。すしダネが元々どんな魚だったのか、興味が湧かなければごく自然のことです。でも〝原点大好き人間〟の僕としては突きつめたいところ。口にするものなら余計に！

で、エンガワって何なのかといえば、ヒラメやカレイがヒレを動かすための筋肉部位です。独特のコリコリ食感と、ジュワッと溢れる濃厚なうまみ。好きな人はエンガワのすしばかり注文するくらい、魅惑的なすしダネです。

標準和名	—
美味しいサイズ	—
美味しい時期の目安	ヒラメやカレイの項を参照

エンガワを
切り離した状態

魚の奥深さを感じる、エンガワという部位

波打つように動くヒラメやカレイのヒレを見ていると、これを動かすための筋肉もきっと独特なのだろうと想像が膨らみます。

しっかりと歯応えがありながら、ほどよく脂ものったエンガワに出合うと、エンガワという部位の貴重さを伝えずにはいられなくなります。

こちらは
切る前です

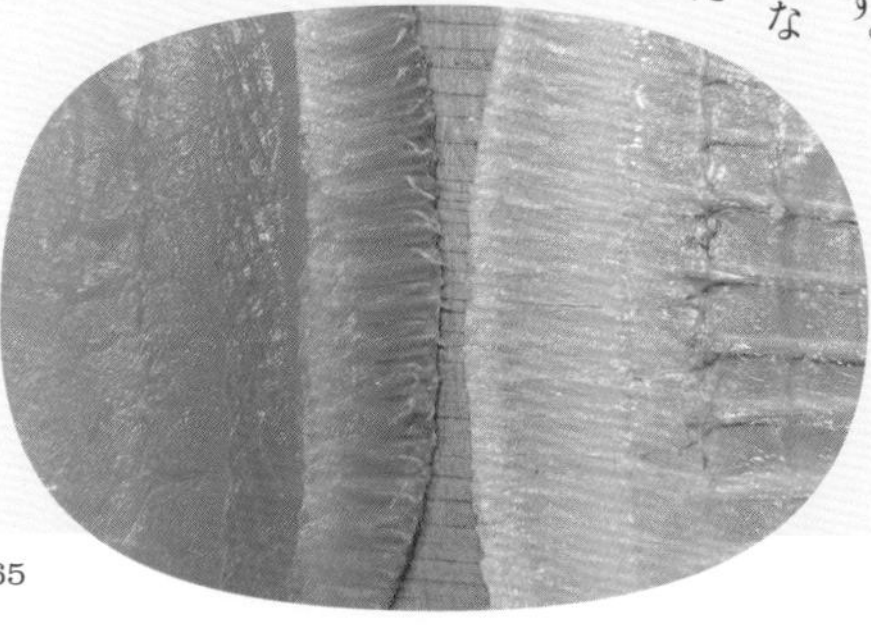

カレイ

カレイ派？　ヒラメ派？

日本だけでも40種類以上いると言われるカレイの仲間。見分けるのが難しいものもたくさんあり、地方名もさまざまです。

形状が似ていることからヒラメと比較されることがよくありますが、全くの別物。口を開いて歯の形を見れば違いがよくわかり、ヒラメの歯はトゲトゲしていますが、カレイの歯はそれほど尖っていません。

カレイのすしは、薄口醤油や塩こうじなど、塩をしっかり感じる調味料で食べるのがおすすめです。味の輪郭をはっきりと出し、繊細さの奥にあるうまみを感じさせてくれます。

標準和名	マガレイ、マコガレイ、ホシガレイなど
美味しいサイズ	種類により異なる
美味しい時期の目安	夏〜秋

3 白身

ひっくり
返すと白い

砂泥底に生きる、用心深い魚

カレイの仲間は、基本的には海底に生息しています。エサをオモリとともに沈め、海底をトントンと叩くように誘います。すぐに釣り上げようとすると逃げられがち。しっかりと飲み込んだのを確認してから糸を巻き上げて釣ります。カレイの片側は茶色、反対側は白色が多い、って知っている人には当たり前すぎますが、驚く人もいます。

小さな口が
キュート！

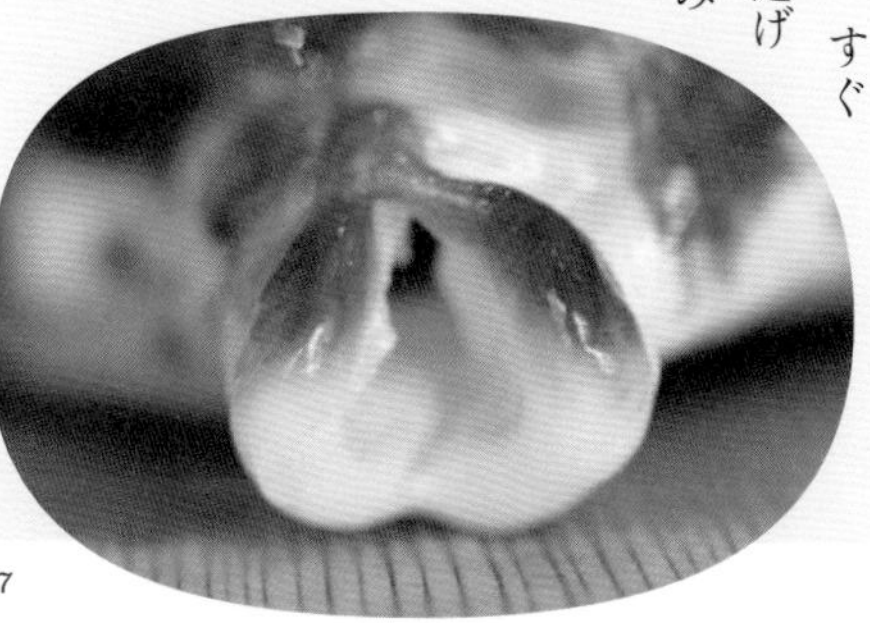

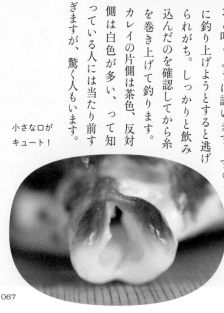

己の味覚を研ぎ澄ませ!

トラフグ

日本では昔から、東側よりも西側でフグを食べる文化が盛んです。トラフグは、食用フグとして取り引きされるフグの中で、もっとも有名で高級なフグです。

皿が透けるほど薄く切りつけされたトラフグは、じっくり噛んで味わうことなく飲み込んでしまってはもったいない。白身魚の美味しさは、淡白さの中に繊細に含まれています。味覚を研ぎ澄まし、奥にあるうまみを感じ取れたとき、白身魚がどんどん好きになっていきます。口に入れた途端に「美味い!」という魚もありますが、フグはゆっくりと美味しさが広がります。

標準和名	トラフグ
美味しいサイズ	40cm 以上
美味しい時期の目安	秋〜冬

中央の大きな
黒斑が目印

風船のように膨れた姿が愛らしい

トラフグはフグ科の中でも最大級で、大きいものだと約10kgほどにもなります。養殖が盛んに行われていますが、日本近海のあちこちでも釣ることができます。

力強い引きのあと、釣り上げてからぷぅ〜っと膨らむ姿が見られるのも釣りならではです。

干したヒレは“ヒレ酒”に

タチウオ

食べる日本刀！

立《た》ち魚《うお》、刀のような形だから太刀魚《たちうお》。諸説あるようです。

全体がムラなく美味しい魚で、サイズを問わずほどよい脂があり、すしとの相性は抜群。きれいな銀色を表にして握る「タチウオの銀皮握り」は、鮮度と歯応えを楽しんで。銀皮を炙る「タチウオの炙り握り」は銀白に焼き目がつき、皮下脂肪がじゅわりと滲んでとろけるような食感に。一方、高知県には銀色をあえて見せないよう内側にした棒寿司「タチウオのかいさま寿司」があります。ゆず酢に漬けて締めることで、皮もしっとりとやわらかくなります。

標準和名	タチウオ
美味しいサイズ	1m以上
美味しい時期の目安	通年

3 白身

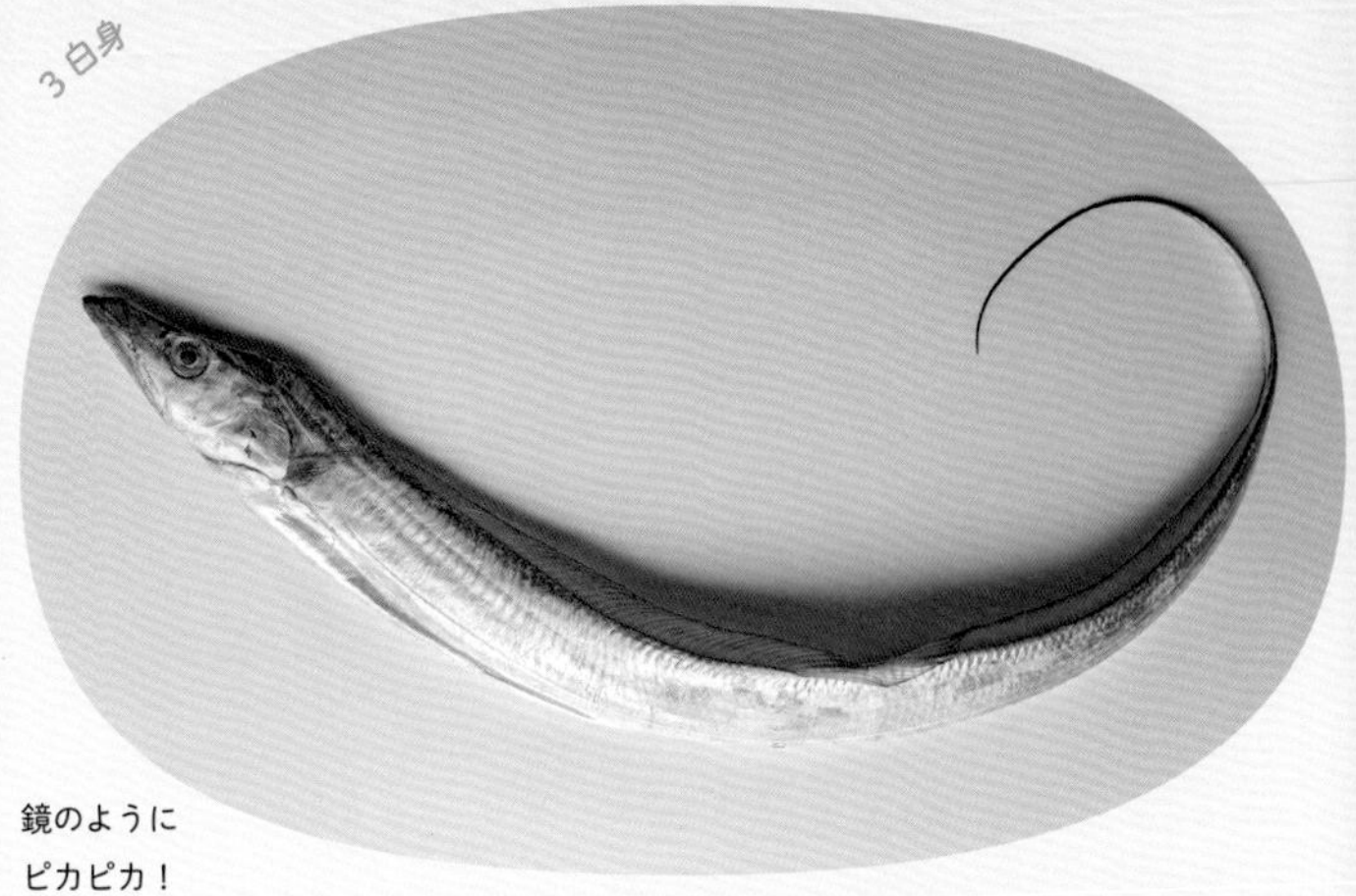

鏡のように
ピカピカ！

触ると落ちてしまう繊細な銀色

ウロコがなく、体表はグアニンという銀色の層で保護されています。この銀は少し触っただけでも落ちやすいのですが、生きている間は新しい層が常に作られているようです。釣り上げたときが一番きれいでじっくり見ていたいのですが、激しく暴れて噛むので注意。歯が鋭いため、太い糸や金属のワイヤーでないと仕掛けごと失うこともザラ。

海上で見た
タチウオの輝き

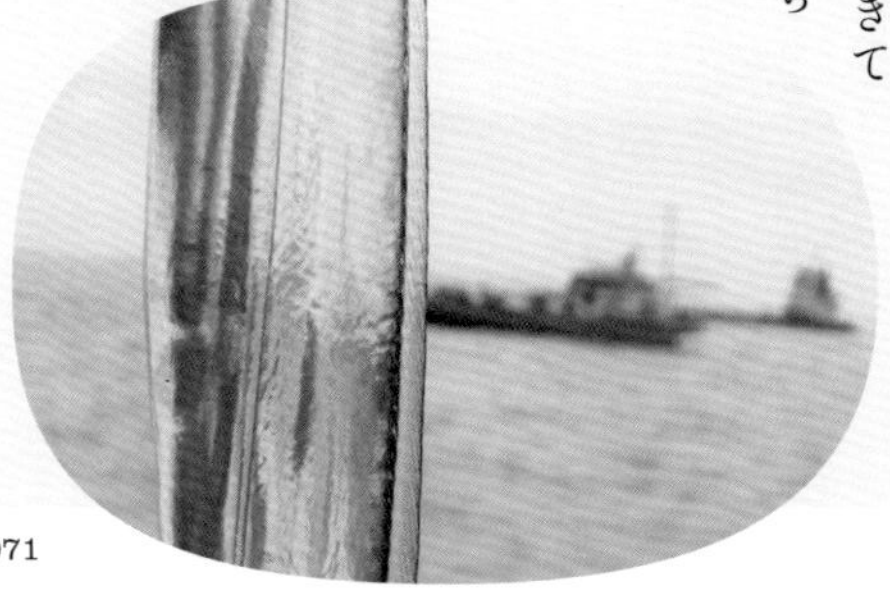

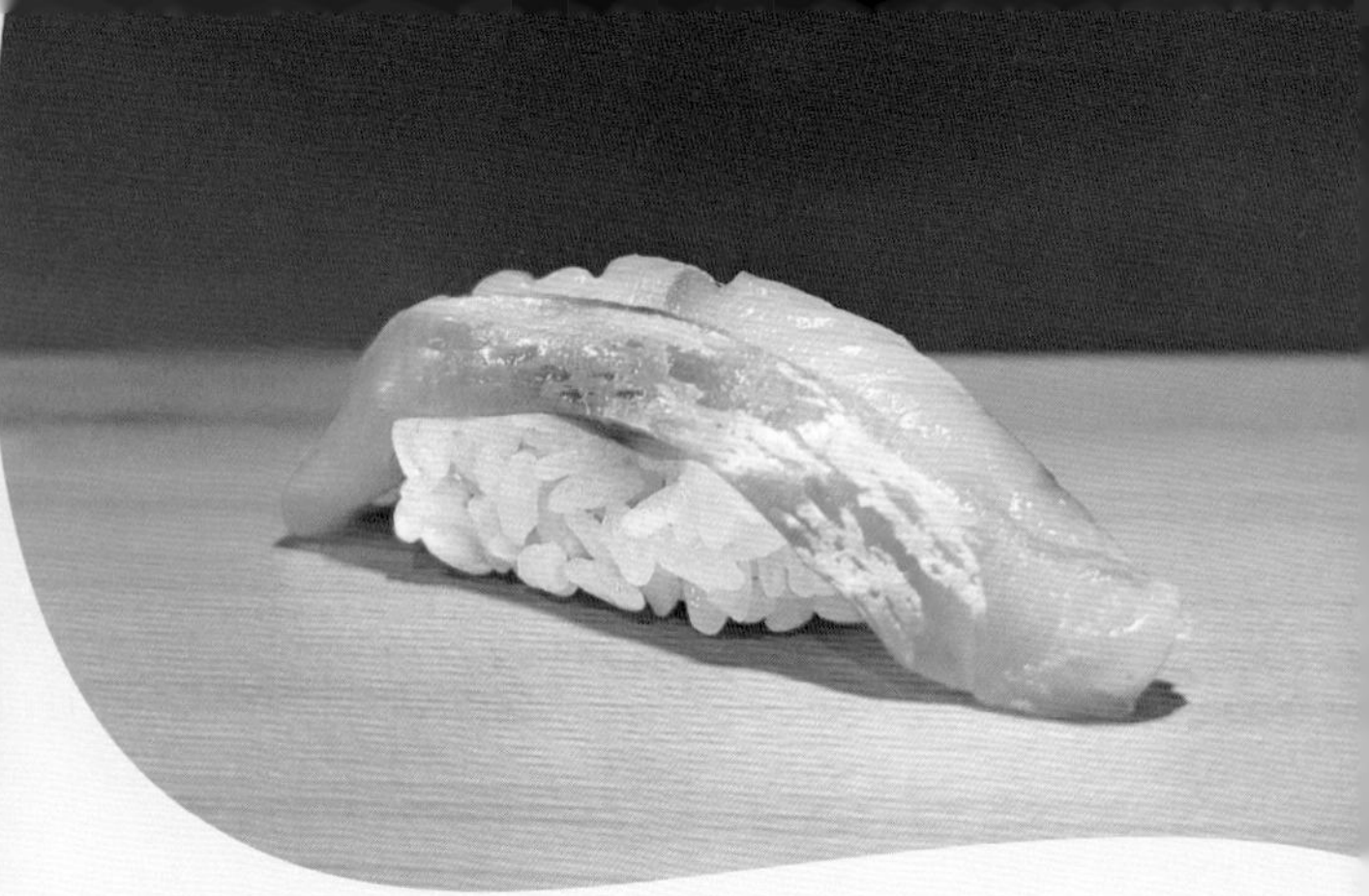

ウロコがうまーい!!

アマダイ

アマダイという総称の通り、甘さが特徴的な身は、酢飯とあわせて食べることでより強く甘みを感じることができます。

皮を引いたアマダイのすしは、しっとり、ねっとりとした独特のなめらかな食感。これももちろん美味しいのですが、アマダイといえば「ウロコ」を食べてこそ！170度ほどに温めた油を、ウロコに何度もかけて仕上げた「松笠揚げ」なら、カリカリとしたウロコとふわふわの身が同時に口の中へ。

一度食べるとずーっと記憶に残るほど、格別の味わいです。

標準和名	アカアマダイ
美味しいサイズ	50cm以上
美味しい時期の目安	通年味がよい

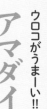

頭はツルリとウロコがない

全国的に評価の高い、高級魚

おでこが張った独特な頭の形と、目の下に銀白色の三角形があるのが特徴です。通称「グジ」と呼ばれ、京都北部では「丹後グジ」、若狭湾では「若狭グジ」として有名です。

アマダイ類には一番ポピュラーなアカアマダイのほか、キアマダイとシロアマダイがいます。いつか、この2種も釣りたい！

アマダイのウロコずし

キンメダイ

〝キンメダイ味〟が存在する⁉

今年、キンメダイを食べましたか？　僕がすし屋をしていた頃は、ものすごい頻度で魚を仕入れてはさばき、味見をしてお客様に提供する日々でした。そうして膨大な種類の魚を味見する中で、〝キンメダイにしかない味〟が存在することに気付きました。僕の感覚ですが……。

生の状態でも感じますが、焼くとさらに極立ちます。食べてきた獲物の影響か、甲殻類のような香ばしい香りに、イワシのような身質のしっとり感。眼まわりの脂にいたっては、身よりも濃く、深い味わいです。粕漬けにして握ってもピカイチです。

標準和名	キンメダイ
美味しいサイズ	約40cm
美味しい時期の目安	夏〜冬

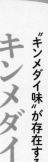

真っ赤だけど
白身

タイと付くけど、鯛じゃない

静岡や高知などが有名ですが、親潮と黒潮が交差する千葉の銚子も日本有数の漁場。安定して脂がのるため、僕の店でも気に入って使っていました。金色の眼とマダイのように赤い体から「キンメダイ」と名付けられたようですが、マダイやクロダイなどとは異なるグループです。

深海そだちの
金色の眼

半生くらいで食べるのがうまし！

マハタ

高級魚に位置づけられるマハタ。高いから美味しいのか？　美味しいから高いのか？　水揚げが少ないから高いのか？　どれも当てはまるような気がしますが、実はマハタはスジが非常に美味しい魚というのをご存じでしょうか。

すしにするなら生よりも少し火入れをして、スジも食べられる状態にするのがベスト。半生くらいがおすすめです。マハタ好きの方々は、くちびるや頭の皮などもつるりと全部いただいてしまいます。

標準和名	マハタ
美味しいサイズ	70cm以上
美味しい時期の目安	秋〜春

サイズにより濃淡ある「しま模様」

大型になるほど鮮度が落ちにくい

岩礁や砂地などで釣れるマハタ。強い引きで釣り人をワクワクさせ、水面に上がって姿が見え始めると船内一同歓喜するような、スター性のある魚です。

産卵期は夏ですが、夏の産卵後を除けば味が落ちないのも特徴です。大きいほど身持ちがよく、数日間、数週間とじっくりと熟成させながら食べることもできます。

「初日からでもうまいけどね」

赤くてうまいやつ。

アカハタ

うまい魚の代表格である「ハタ科」のアカハタ。脂が控えめではあるものの魚としてのうまみが濃く、食べごたえ十分です。ハタ系の魚は、皮を食べずしてその美味しさを表現するのが難しいといえるほど、皮と身の間をどのように味わうかが重要です。

すしで食べるなら、調味料には大豆よりも小麦を多く使って造られた白醤油系との相性が良好です。加熱調理をする場合は火の入れ方に気を付けて、身の質感をしっとりフワフワに仕上げることができれば、魅力がグンとアップします。

標準和名	アカハタ
美味しいサイズ	40cm 以上
美味しい時期の目安	通年

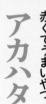

背ビレ先端の黒褐色も特徴

なにはともあれアカハタ

釣りたてのアカハタは、体に不定形の白色斑が散らばっています。時間が経つと模様は薄れ、体全体が赤っぽくなります。夏によく釣れるため、夏のアカハタばかり食していますが、十分美味しい。では冬場に備えてしっかりエサを食べたアカハタはどうか？ 現在調査中。魚突きをする人が「まずおかず用に」狙う魚の代表です。

真っ赤になったアカハタ

黄色いけれどアオハタです

アオハタ

長崎で左ページ写真の魚を釣り上げたところ、船長が「アオナだ！」というのです（アオナ＝アオハタの地方名）。黄色がとても印象的なのに、青？　と思いながらもよく見てみると、眼が青い。謎多き名前の由来を考えるのも、面白さの一つです。

釣り人にはよく知られた魚ですが、一般には珍しい部類に入ります。1kg以上のサイズを、皮を引かず（取り除かず）に食べるのがおすすめ。厚めに成長した皮には、身とは別のうまみを感じます。皮と身、そして酢飯を一緒に噛みながら、アオハタを何重にも楽しんでください。

標準和名	アオハタ
美味しいサイズ	40cm以上
美味しい時期の目安	秋〜春

黄色のドット模様が目を引く

くちびるまで美味しい!?

岩礁などで、エサや疑似餌を使って釣ることができるアオハタ。産地としては九州や日本海側が有名です。あら汁や煮ものにするのがポピュラーですが、絶対に食べるべきは、ぷるりと肉厚でなめらかな「皮」と「くちびる」！ すしに使えば、新食感&味わいで楽しませてくれます。

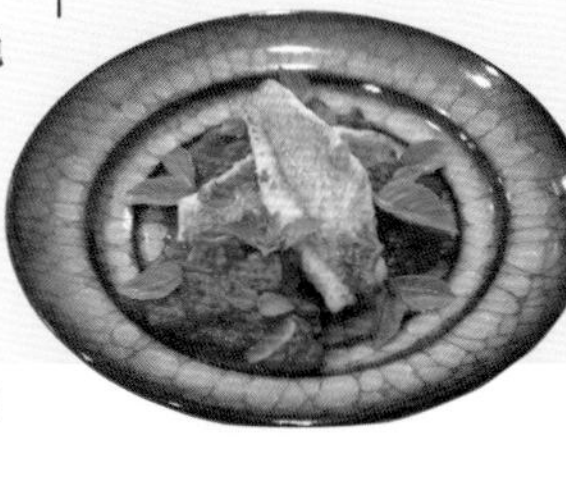

ソテーして洋風にも！

タンドリーキジハタも美味しいよ

キジハタ

鳥のキジに模様が似ていることから名が付いたとされるキジハタ。西日本では「アコウ」の呼び名でメニューに登場することが多いですが、標準和名は「キジハタ」です。アコウダイというまったく別の魚もいますので、間違えないよう覚えておきましょう。

すしにするなら、淡白な身からうまみを引き出すために数日間熟成させたり、塩や醤油、味噌、昆布などの力をちょっと借りたりと、うまみの掛け算で絶妙な一貫を表現できるかどうかが職人の腕の見せどころです。

標準和名	キジハタ
美味しいサイズ	40cm以上
美味しい時期の目安	通年

濃いオレンジの斑点が目印

所変われば魚も変わる

僕が東京にいた頃は、あまりキジハタを扱いませんでした。高級魚ですし、関東で常時手に入る魚ではなかったからです。今いる九州ではかなりの高確率で釣れ、あれだけ貴重だったキジハタを贅沢な厚みで、さまざまな料理で楽しんでいます。たとえばタンドリーチキンならぬ〝タンドリーキジハタ〟。なぜか鶏料理にしがちです。

タンドリーキジハタ（焼く前）

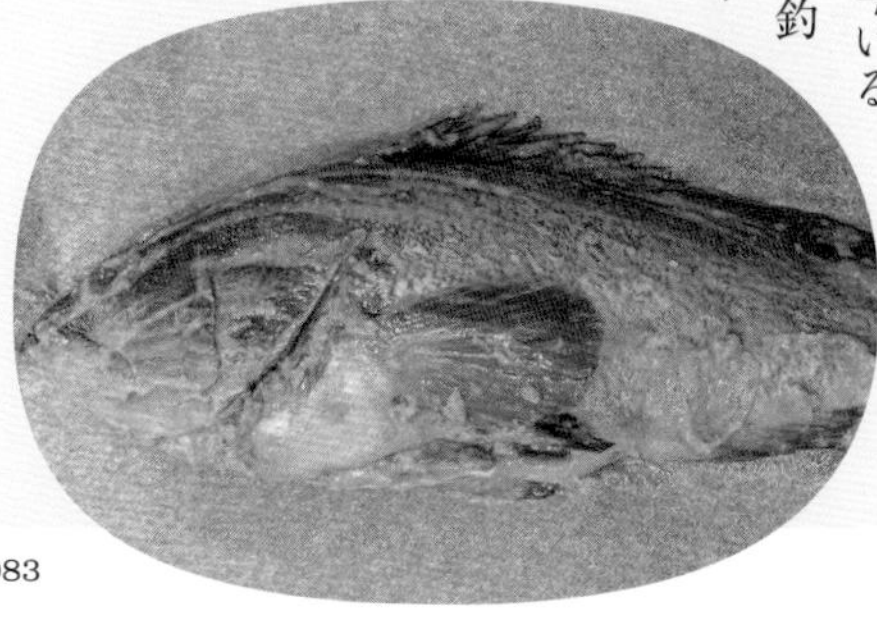

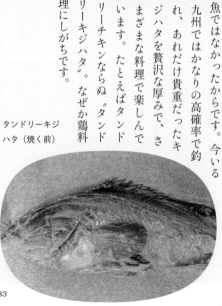

オオモンハタ

淡さに潜むコクを感じる！

コクのある白身魚——そう表現するのがしっくりくる魚です。

〝白身魚は淡白な味わい〟と表現されがちですが、淡白な中にもうまみの「濃淡」というものがあります。魚種ごとに、季節ごとに、地域ごとに、大きさごとにあるものです。そんなふうに魚の個体差を感じたときは、つい「一魚一会《いちぎょいちえ》」なんて、もじった言葉が頭をよぎります。

すしにすると、ねっとりとしたコクをより一層堪能することができますよ。

標準和名	オオモンハタ
美味しいサイズ	50cm以上
美味しい時期の目安	通年

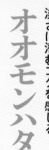

尾ビレの端に
白いフチどり

アクティブに動きまわる根魚

根魚《ねうお》（岩礁帯に定着・生息し、あまり移動しない魚）のイメージがありますが、実際は中層辺りまで獲物を追いかけてきます。一般的な認知度は高くありませんが、高級魚の一種とされています。

オオモンハタの美味しさを知っている釣り人にとっては、釣れるとやっぱり、笑顔になってしまう魚です。

皮を引くとまた違う美味しさ！

人気投票上位入賞魚!

サーモン

「好きなすしは何ですか?」と聞くと、サーモン率の高さに驚かされます。いや、もう驚きません。世界中で老若男女に愛されている魚。

オレンジはめでたい色とされる国があったり、買い求めやすいという理由も挙げられますが、やはりあの〝味〟が人気なのです。ほかにはない、パンチのあるサーモン味。まるでトロの脂と、甲殻類の香りや甘みが掛け合わさったように贅沢で、生で食べても火を通しても美味しい。

やわらかいウロコと皮をパリパリに焼き上げる調理もおすすめです。

標準和名	ニジマス
美味しいサイズ	約60cm
美味しい時期の目安	通年

中央の薄ピンク線がニジマスの証

サーモン、サケ、トラウト、マス?

すしダネに用いるサーモンの代表は2種で、サーモントラウトの名で流通するニジマスとタイセイヨウサケ（アトランティックサーモン）。本書で扱っているのはサーモントラウトです。サケ科は種類が多く、地方名があったり、同じ魚でも川に残るか海に降りるかで名前が変わったりと、判別は困難を極めます。

炙りサーモンの握り

サクラマスとヤマメって、同じ種なんです

サクラマス

サクラマスと川魚のヤマメは、実は同じ卵から生まれます。簡単に説明すると、川に残って生涯を過ごすのがヤマメ。大海原に出て大きくなり、また川に戻ってくるのがサクラマスです。オレンジ色の身が鮮やかで、味の面でもほぼハズレのない美味しい身質をしています。

富山県の郷土寿司「ます寿司」はサクラマスの水揚げ量が多かったことから始まりました。非常に味が濃く、醤油を弾くほどの脂を持つサクラマス。皮ごとわら焼きにして薫りが乗っても負けない味の強さは、食べた人の記憶に残ります。

標準和名	サクラマス
美味しいサイズ	60cm以上
美味しい時期の目安	冬〜春

念願の一本、
津軽海峡にて

大きく減っている、春を告げる魚

細かく尖った歯と力強いアゴで獲物に襲いかかる肉食魚へと進化したサクラマス。ルアー釣りでもガシガシ噛みついてきます。最後の最後まで暴れるので、釣り上げる直前に逃げられないよう慎重に。富山県内ではサクラマス資源が激減しており、天然のサクラマスを使った「ます寿司」に出合えたらラッキーです！

華やかな
サーモンピンク

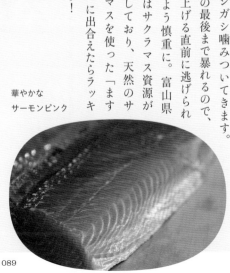

キス

キスの味とは？

近頃、キスのすしをあまり見かけなくなった気がします。一般的には天ぷらで食べることが多いでしょうか。

身がふわふわに仕上がる天ぷらはもちろん、少し寝かせてから皮部分を炙った刺身も絶品です。すしにするときも皮を残し、飾り包丁をすると美味しく噛み切ることができます。キスのすし特有の繊細な香りと味を楽しむなら、本当に最小限の味付けで。食べる順番は序盤に持ってくるのがおすすめです。年を重ねるにつれ、こういう味わいのすしが食べたくなってくるのは僕だけではないはずです。

標準和名	シロギス
美味しいサイズ	15cm以上
美味しい時期の目安	春〜秋

砂地と
同系色の体

海で見るシロギスは美しい

砂地にいることが多く、砂浜から投げ釣りのターゲットになる人気の魚です。群れに当たると数多く釣れます。青みがかった体色の「アオギス」という魚もいますが、シロギスは背側が淡黄褐色、腹側が銀白色です。派手な色ではないものの、釣り上げたばかりの魚体には輝きと透明感があり、自然と「美しい」という声が出ます。

この透明感は
海上ならでは！

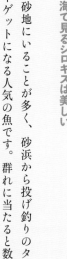

肝がキモ!

カワハギ

寒くなってくると「キモパン」なんて言って、肝《きも》がパンパンに大きくなったカワハギを狙う釣り人たちが動き出します。

カワハギは身に脂がつきにくく、味わいは淡白ですが、舌で集中して味わうと繊細な美味しさを感じます。さらに何倍もの濃厚なうまみを楽しめるのが、肝と一緒に食べること。この味を知ってしまうと、身のみで食べることに物足りなさを感じるほどです。肝なしで食べるなら、さまざまなオイルや柑橘類の酸と組み合わせることで、肝のインパクトに頼らずとも美味しい一品になります。

標準和名	カワハギ
美味しいサイズ	約30cm
美味しい時期の目安	秋〜春

おちょぼ口
がかわいい

小さな当たりを見逃すな！

大きな群れで泳ぐ魚ではないので、まとまって獲れる場所はありません。北海道以南で全国的に釣られていて、近年は養殖のカワハギも出回り始めました。

口が小さく、ついばむようにエサを食べるため、その小さな当たりに合わせるのがカワハギ釣りの面白さです。

皮をはいで使うので
〝カワハギ〟

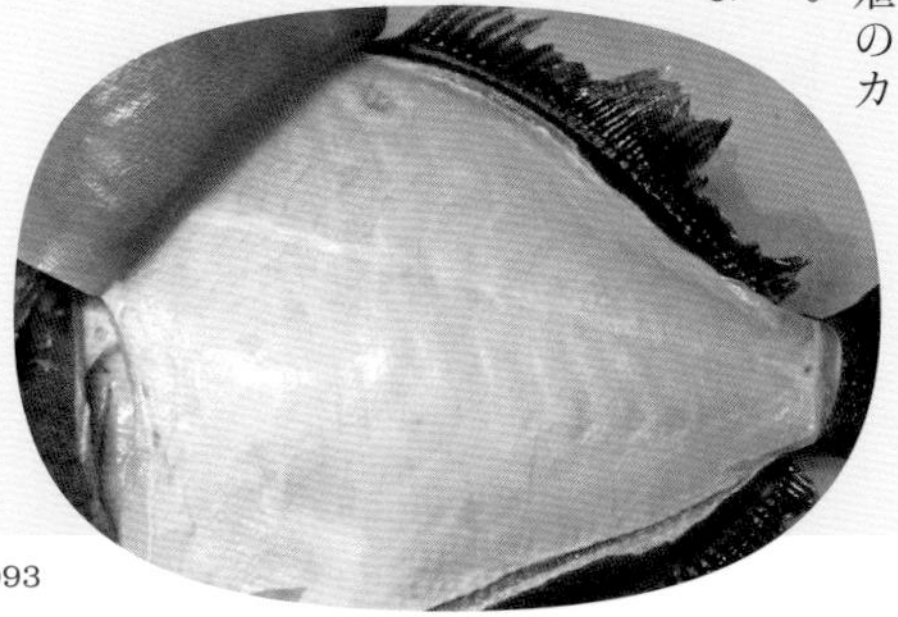

カワハギと比べないで!

ウマヅラハギ

もしかしたら馬よりも早く地球上に存在したかもしれないのに、「馬の顔に似ているから」という理由で名付けられた「馬《うま》面《づら》」はぎ。

カワハギの仲間なので、体が平たく、ツノがあって「おちょぼ口」、という特有の体型をしています。

食べ方もカワハギと同じく、肝の濃厚な美味しさを身とあわせて楽しむ方法が主流です。肝を口の中に入れると、とろりととろけて、うまみが広がります。

標準和名	ウマヅラハギ
美味しいサイズ	30cm以上
美味しい時期の目安	秋〜春

ツノに見える
のは実は背ビレ

私だって十分美味しいよ

いつもカワハギと比較され、味も価格も、悔しい評価が多い魚です。でも、秋冬のウマヅラハギをぜひ食べてみてください。

肝が美味しいのはもちろんのこと、実は身のほうも、淡白な中にきっちりうまみを備えています。といって、やっぱり肝醤油で食べてしまうわけですが……。

握りに肝をのせて

すし界の特上カルビ!?

ノドグロ

まるで全身が、サシの入った肉のよう。裏切ることのない濃厚な脂身と、ずるいほど強烈なうまみ。霜降りの肉と同じく、ひと切れ食べれば十分なほど満足感を得られるノドグロのすしは高級品。そして、高級な存在でよいとも思います。

深海に生息するノドグロは、自分でそう簡単に釣れるものではありません。釣り上げること自体が、まず大変なこと。ノドグロのすしに関わるすべての時間と手間を考えると、一貫のすしは魂の結晶なのですから。

標準和名	アカムツ
美味しいサイズ	30cm以上
美味しい時期の目安	秋〜春

釣りたてで
ウロコがびっしり

赤い体に、黒い喉

「ノドグロ」と呼ばれる通り、口を開くと真っ黒な喉を見ることができます。

網を使った漁が多いため、ウロコがはがれた魚体を見ることが多いですが、一方で、釣りものはとにかくウロコがきれいです。ウロコが付いた状態のほうが、鮮度を保つことができます。

ノドがクロい！

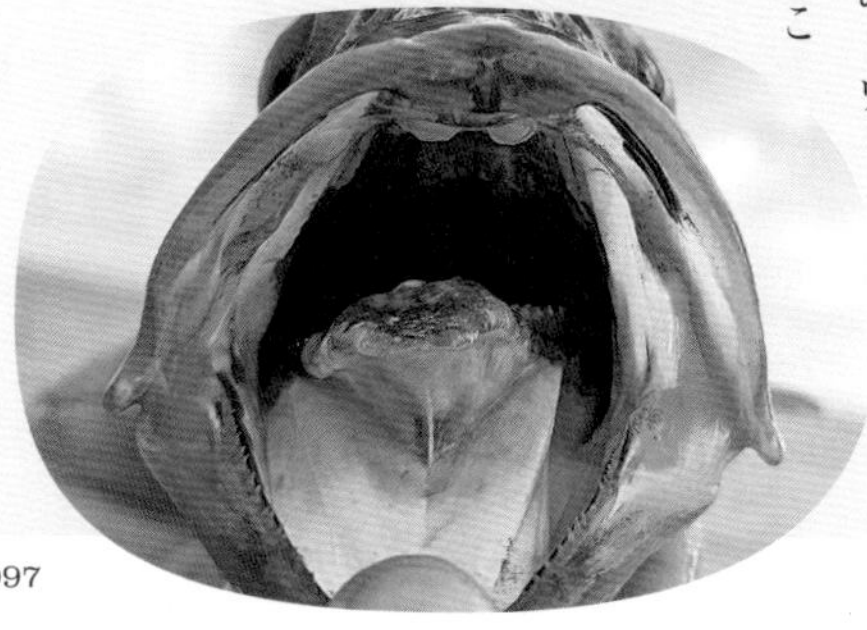

ムツ

一滴の脂だってムダにしたくない！

ムツというと、やわらかな身が印象的です。すしで食べるなら、「脂」も余すことなく、つまりは皮ごといただきたいところ。かといって皮を炙ってから握ると、職人の手にムツの美味しい脂が付いてしまってもったいない！

この問題を解決するのが、握ってから皮目に熱々の炭をジュッと当てる方法。熱で溶け出した脂が酢飯になじむうまさといったら、つい目をつぶってしまいます。

ちなみに、アカムツ（96ページ）やシロムツなどもいますが別種で、ムツの仲間はムツとクロムツの2種だけです。

標準和名	ムツ
美味しいサイズ	40cm以上
美味しい時期の目安	秋～冬

クロムツに
見えて"ムツ"

黒っぽいけど〝クロムツ〟ではない？

中深界に生息しているムツ。同じムツ科でより黒いものはクロムツと呼ばれますが、昔は同種として扱われていたくらい両者は似ていて、料理人でも判別できる人は少ないほどです。

ウロコの大きさや枚数の違いなど、魚にマニアックな方でなければわからないのも魚の奥深さです。

歯がこんなに鋭い！

釣っても、食べても、モンスター級！

クエ

魚に詳しくなくても、「クエ」の名をご存じの方は多いのではないでしょうか。ずばり高級魚の代表的存在であり、うまい白身魚ランキングで間違いなく上位に入る、ほかとは一線を画す魚です。

すしになっても格の違いは明らかで、〝白身魚は淡白〟というジャンルの定義を覆してしまうくらいに濃厚なうまみと、味の奥行き。ひと切れ食べると余韻が長く続くので、「これが至福の時間というやつか……」なんていう、〝味プラスアルファ〟の価値を楽しむことができます。

標準和名	クエ
美味しいサイズ	80cm以上
美味しい時期の目安	通年

80cmでも
小型です

強い引きで圧倒する巨大魚

生きたイカを海底で泳がせて釣る方法のほか、魚突きなどでも獲ることができるクエ。

一般的な釣り道具では釣り上げることが難しいほどに力が強いです。黄色い背ビレが美しくて、僕はまだ大きなクエを釣ったことがありませんが、夢の魚の一つです。

背ビレのイエローが
オシャレ

アラ

クエじゃなくて、アラだよ

魚の骨などを粗《あら》と言ったり、九州でクエをアラと呼んだりしますが、正真正銘「アラ」という標準和名の魚がいます。

味わいは、超がつくほど上質。特に新潟県柏崎市は、専門の漁師の方がいるほどアラ漁に力を入れています。僕が悶絶したのが、アラのエンガワの握りずし。エンガワといえばヒラメが有名ですが、アラのエンガワは、魚体のサイズにかかわらずうまみがケタ違い。身は熟成向きで、白身魚としてのひと切れの美味しさもトップクラスです。一生に一度でも食べることができたら、幸せな魚です。

標準和名	アラ
美味しいサイズ	60cm以上
美味しい時期の目安	夏〜冬

勇ましい
フォルム

深海に生きる荒々しい魚

見た目からして、スズキなの？ クエなの？ ハタなの？ と間違えられそうですが、「アラ」です。ヒレはもちろん、顔まわりにも荒々しいトゲがいくつもあることが名前の由来になっています。

ちなみに、1kg未満の小型のアラの呼ばれ方がなんともかわいくて、「コアラ」と呼ばれています。

アラのエンガワの
握りずし

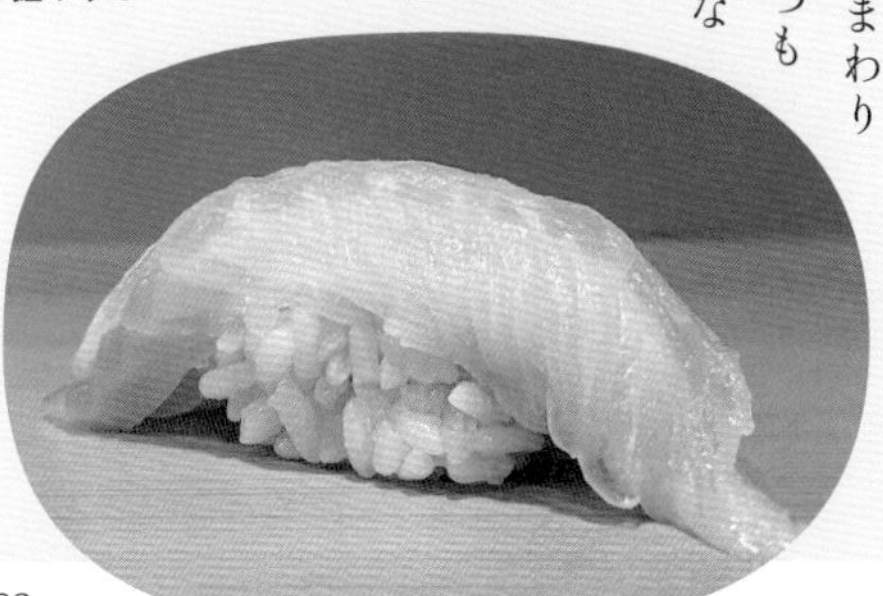

一番好きな釣りはイサキ釣りです！

イサキ

イサキに限った話ではありませんが、魚が美味しいタイミングというのは、実はかなり限られています。特にイサキはこれが顕著。イサキのすしをベタ褒めする人が少ない一方、運よくベストなイサキを味わえたら永遠の〝推し魚〟になるほど、インパクトの強い美味しさを忍ばせています。

もっとも脂がのるのは5〜6月の「梅雨イサキ」。上質な鶏肉にも似た味わいと、海苔を思わせる皮目の香り。イサキはやっぱり湯引きが美味い！　梅雨に入ったらぜひ思い出してください。いつか、人生最高のイサキに出合えることを願っています。

標準和名	イサキ
美味しいサイズ	30cm以上
美味しい時期の目安	春〜夏

イサキ釣りが
好きすぎる……。

子ども時代のスリーライン

僕が今一番好きなのがイサキ釣り。貪欲にエサを追いかける梅雨の産卵前のイサキは力強く、ひったくるような強烈なあたりです。体色は背側が褐色や暗褐色で、腹部は銀白色。幼魚には縦じまが3本あります。ちなみにこれは「横」ではなく、「縦」じま。魚の頭を上に向けた状態でしま模様がどう見えるかが、魚のしまの決め方です。

3本の縦じま

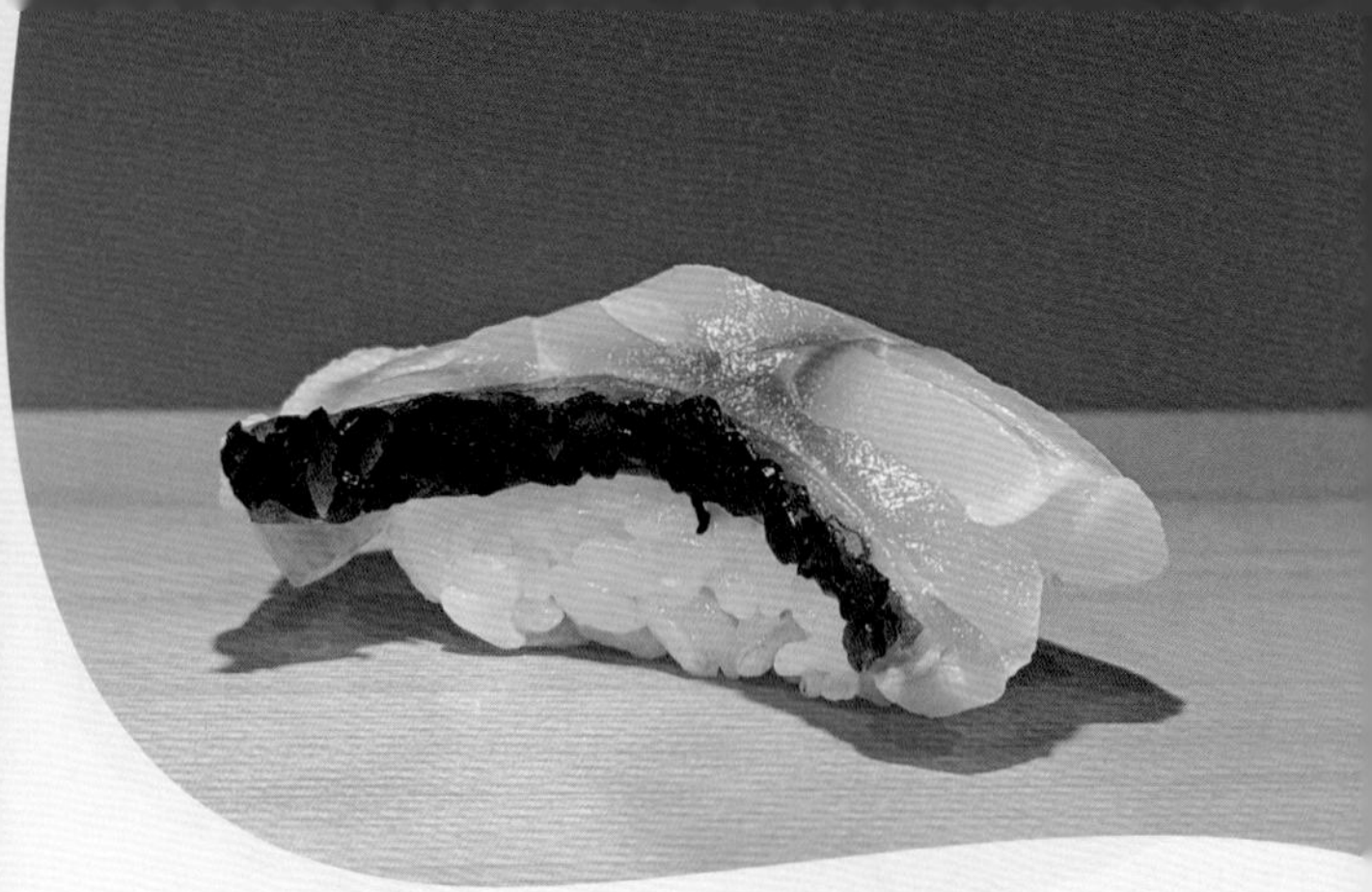

ベジタリアンな魚!?

メジナ

　磯釣りの人気魚として知られるメジナですが、すし屋ではあまりお目にかからないかもしれません。なぜなら藻食性が強いメジナは、個体差や下処理の程度にもよりますが、身に「磯くささ」があるものに当たってしまうと、それを理由に嫌われるからです。つまり、確実に美味しいメジナを仕入れることが難しいというわけです。

　ただし美味しいメジナに当たると、透明感のある身は噛み応えがあり、それはそれは極上。途端に大好きな魚に変わること請け合いです。人間の心変わりは、単純で浅はかなものですね。

標準和名	メジナ
美味しいサイズ	30cm 以上
美味しい時期の目安	秋〜冬

魚界で珍しい
青い眼

西日本での通称は「グレ」

真っ青で鮮やかな眼が特徴的。細かく並んだ歯を見ると、海藻を食べやすい藻食性の魚の進化がわかります。

釣り人からは「グレ」と呼ばれることが多いのですが、実はグレ釣りのエサの多くはオキアミ（動物性プランクトン）だったりします。メジナだって、いろいろ食べたいですもんね！

藻食に適した歯

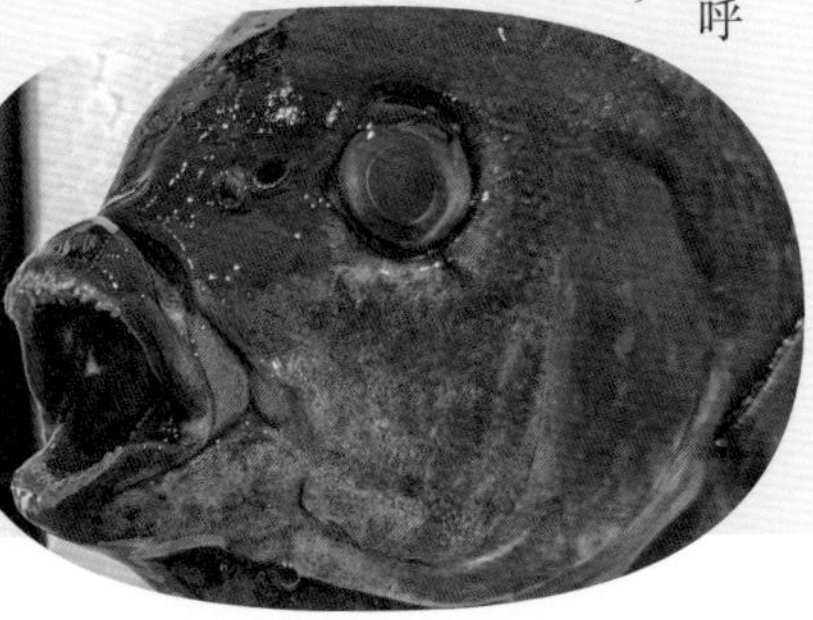

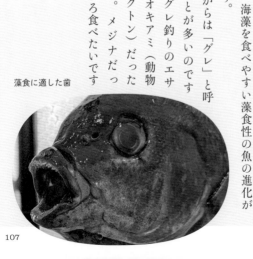

上白身とは、何たるか？

スズキ

大きな口で次々と獲物を食べて大きくなるスズキ。ほかの魚種にも言えますが、産卵前と産卵後で味が顕著に異なります。産卵に向けてたくさんエサを食べ、肥えたスズキは、捕食した魚の分までしっかりうまみに変わったと思えるほど味がのります。

上手に調理すれば、蒸しても焼いても、ふっくらしっとりと仕上がる身質。すしで食べてもやわらかく、酢飯と一緒に味わうと早い段階から口の中で一体化し、上白身《じょうしろみ》とは何たるかを教えてくれます。スズキのすしは、濃口醤油よりも薄口醤油で食べたほうが美味しいことは内緒ですよ。

標準和名	スズキ
美味しいサイズ	約80cm
美味しい時期の目安	夏〜秋

銀白色に輝く
体。長崎にて

飾り気のない、人気釣魚

スズキのルアーフィッシングは、専門としてハマる人が続出するほどエキサイティングな釣りの一つ。釣りの世界で「シーバスフィッシング」といえば、おもにスズキのことです。外見の派手さはないものの、そのアクションや味わいに多くの人が魅了されています。

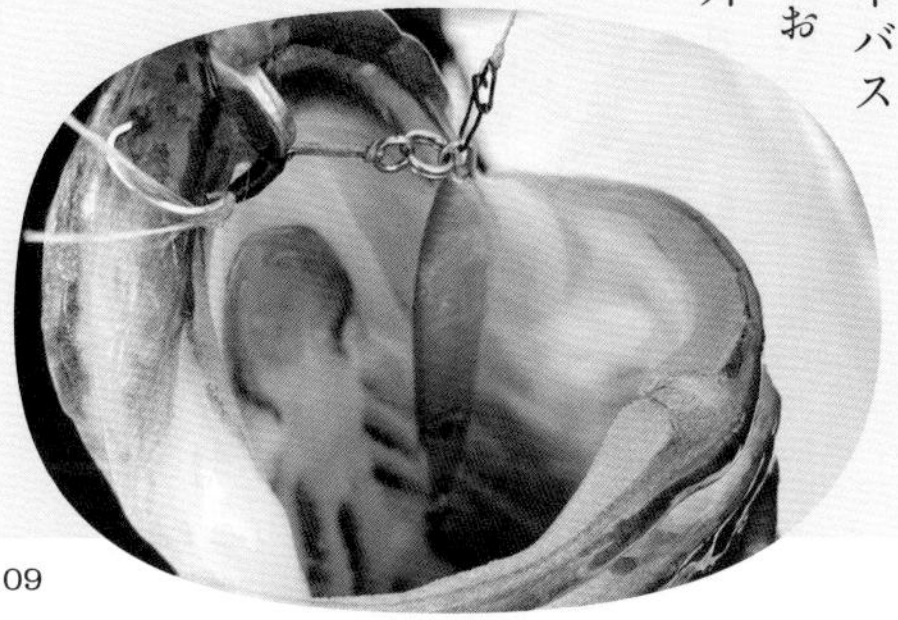

余裕で獲物をとらえる
大きな口

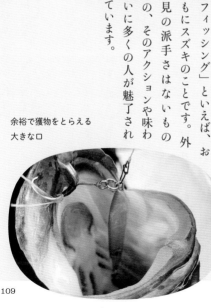

憧れるのをやめられない

ヒラスズキ

釣り人の憧れにして、食通の憧れでもあるヒラスズキ。一見スズキと間違えるほどそっくりですが、味も釣れる場所も異なります。口に入れた瞬間の脂のインパクトも、口内温度でとろける奥行きや余韻も、ヒラスズキが上を行きます。

シンプルに酢飯の味のみで食べても満足度が高いですが、さらに味を引き立ててくれるようなほどよい塩味と酸味の調味料、具体的には古くからの日本の調味料である「煎《い》り酒《ざけ》」、もしくは香酸柑橘《こうさんかんきつ》の果汁をほんの少し搾ったりすると抜群です。

標準和名	ヒラスズキ
美味しいサイズ	約80cm
美味しい時期の目安	秋〜冬

釣りたては
各ヒレが立つ！

荒れた海でタイミングをうかがう

岩壁に激しく波がぶつかり、細かな気泡で白く見える「サラシ」というポイントには酸素とプランクトンが集まりやすく、小魚とそれを狙う大型魚という露骨な食物連鎖が繰り広げられます。ヒラスズキは捕食する側。つまり、ほどよく海が荒れているほうが出現率が上がりますが、人間にとっては危険と隣り合わせです。

サラシの中から
強い引き

なめらか選手権、日本代表!

アイナメ

アイナメのすしはなめらかな舌触りに始まり、じっくりと余韻を残すような濃厚なうまみが特徴です。一度食べるとファンになってしまうほど、印象的で後を引く美味しさです。

冬場にたっぷりと栄養を蓄えたアイナメは春ごろに味がのり、上質な白身として高値で取り引きされています。

ウロコが細かく、光の反射でテカテカと油を塗ったように見えることから、北海道や東北では「アブラコ」と呼ばれます。

標準和名	アイナメ
美味しいサイズ	40cm以上
美味しい時期の目安	春〜夏

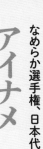

「俺が卵を守る！」

美味しいイクメン

通常は茶褐色ですが、繁殖期のオスは婚姻色で黄色くなります。縄張り意識が強く、メスの産卵後には責任をもって、最後まで卵の面倒をみます。

アイナメには尖った硬いヒレがなく、すべてのヒレがやわらかいため、どのように触っても安全ですよ。

トゲのないやわらかなヒレ

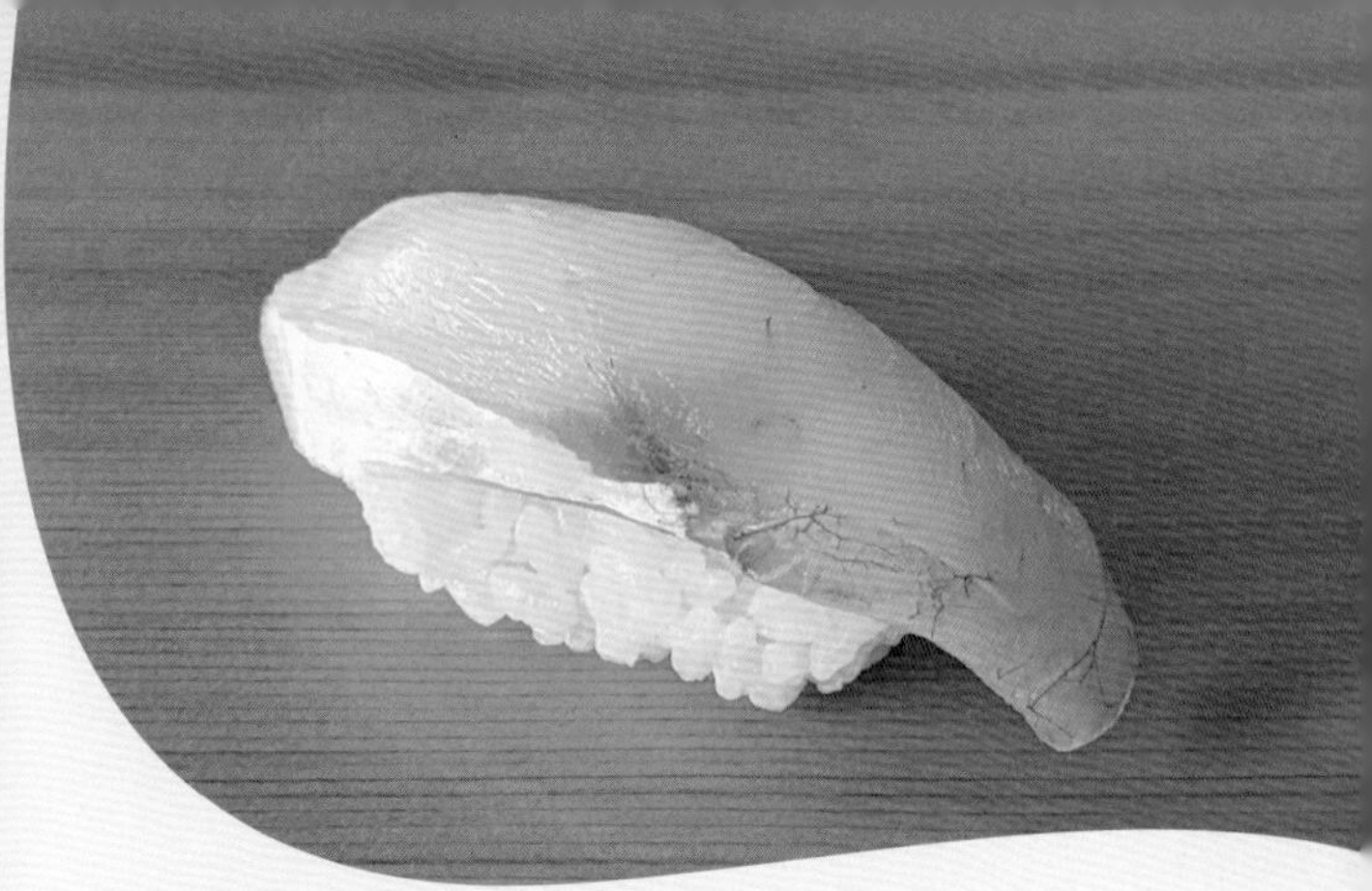

マゴチ

美味しくなかった記憶がない魚！

まとまって獲れることが少ないマゴチは、いつでもどこのすし屋にもあるかと言われれば、そうではないかもしれません。

夏ごろが旬とされているマゴチですが、これまでの僕のすし人生で、マゴチが美味しくなかった経験は思い当たりません。特別な調理をするわけでもなくシンプルな握りずしにするだけなのですが、クオリティが安定しているため、数ある白身魚の中でも安心して仕入れられる存在です。

サイズや地域、季節ごとに雌雄を食べ比べる機会はなかなかありませんが、その未知もまたマゴチに惹かれる理由です。

標準和名	マゴチ
美味しいサイズ	50cm以上
美味しい時期の目安	通年味がよい

ぺちゃんこの
頭が特徴です

一匹でも釣れたら大満足

海の砂地で釣りをしていると、仕掛けが海底に着き、すぐにググッ！　強い引きとともに竿がしなれば、「もしやマゴチか？」なんて、そう簡単に狙って釣れる魚ではありませんが、釣れないこともないわけで。釣り上げたときに見るきれいなヒレの数々。どんな魚も、生きた状態と死後では美しさがまったく異なります。

尾ビレの模様は天然の芸術

見た目で判断するのはナンセンス

ホウボウ

「白身魚は淡白な味」とまとめられがちですが、それぞれにしっかりと異なる味をしています。

ホウボウは、個体によっては淡白などとは言えないほどにうまみの強いものがあります。おそらくエサの種類や量が個体に反映されているのでしょう。

脂がのったものなら、鮮度のよいうちにコリコリと噛みながら味わう。脂が少ないものであれば数日間寝かせ、浅めのヅケにしてしっとり食べるのが美味しい魚です。

標準和名	ホウボウ
美味しいサイズ	30cm以上
美味しい時期の目安	通年

釣り上げる
瞬間のホウボウ

個性てんこ盛りの楽しい魚

海での姿とすしになった姿にこれほどギャップがある魚も珍しいかもしれません（いや、どの魚も特徴的か？）。名前の由来でもある「ほぉぼぉ」という独特の鳴き声。鮮やかなうぐいす色のヒレは、敵に襲われたときに広げて驚かせるのにも役立つそう。加えて、6本の足までありますす。特徴がありすぎて、個性的。大好きです！

足に見えるのは
ヒレの一部

長っ！

ヤガラ

矢の棒のような部分（矢柄《やがら》）に似ていることから名が付いた、珍しい形状の魚です。一般にヤガラといえばこの「アカヤガラ」のことですが、まれに見られる「アオヤガラ」や、似た仲間の「ヘラヤガラ」もいます。

本来は身よりも内臓に脂肪がつきやすいタイプの魚ですが、秋から冬にかけては身の味を強く感じます。細長くて特殊な形状をしているけれど、意外にもさばきやすい魚です。

標準和名	アカヤガラ
美味しいサイズ	1.2m以上
美味しい時期の目安	通年（秋～冬は特に味がよい）

なんと体の3分の1が口!?

筒状の口で器用にエサを食べる

長い体を器用にうねらせ、想像以上に速く泳ぐアカヤガラ。細長い口で獲物を捕食するため、突進して、吸い込むように口を開きます。

大きい魚を途中で詰まらせたりしないのか!? 今まで何本ものアカヤガラを水中で見たり、釣ったり、さばいたりしてきましたが、長い口の途中に何かが詰まっているのを見たことはありません。

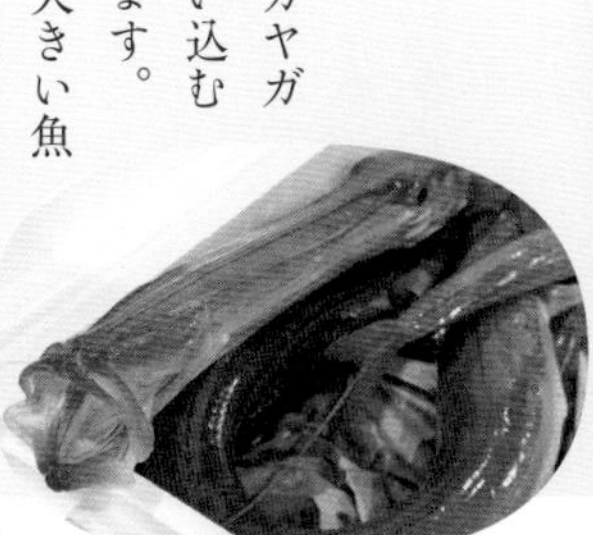

カサゴ

トゲの多い魚は美味しい説

釣り人にとっては身近すぎる存在ですが、釣りをしない人にとっては食べる機会が少ない魚かもしれません。

白身の上品な味わいの奥に、鶏のササミを彷彿とさせる味の輪郭が隠れています。すしや刺身の場合はすぐに飲み込まず、じっくり噛んで食べることをおすすめします。さらに、ちょこっとの塩とすっぱい柑橘を搾りかけると、カサゴの味はいっそう引き立ちます。

骨はもちろん、魚体全体から美味しい出汁がとれて、加熱した際の身の骨離れもよいので、味噌汁の具材としても上等です。

標準和名	カサゴ
美味しいサイズ	20cm以上
美味しい時期の目安	通年

このトゲに
刺さると、

翌日くらいまで
ちょっと痛いです

安定して味がよい

陸釣りで人気のターゲットで、針に何かしらの餌を付けて岩場などに落とせば喰いついてきます。地域差や個体差、生息場所などで身の状態は異なりますが、基本的に通年美味しくいただけます。

各ヒレだけでなく、顔まわりにもたくさんトゲがあるので要注意！

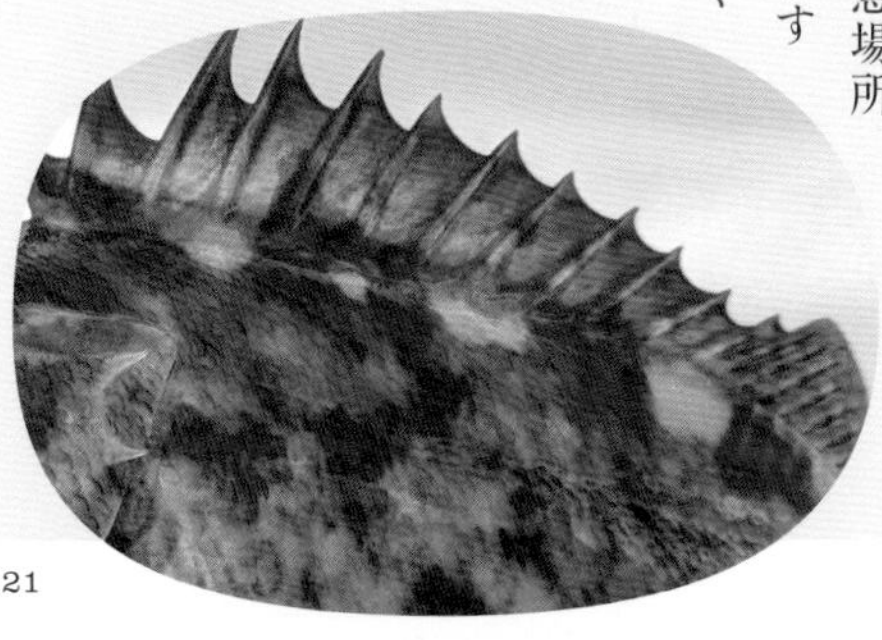

メバル

「メバル」という魚種はいない!?

「名前は聞いたことがあるけれど、どんな魚だっけ？」。メバルの仲間は全国各地に生息していますが、頻繁に食べるかと言われるとそうでもない方が多いのではないでしょうか。

厳密には「メバル」という魚種はおらず、おもにクロメバル、シロメバル、アカメバルの3種に分けられます。

煮付けで食べるイメージが強い魚ですが、実はすしにしても美味。特に冬場のクロメバル、シロメバルの脂のりのよい個体に当たると、誰しもホッペが落ちること間違いなしです。

標準和名	クロメバル、シロメバル、アカメバルなど
美味しいサイズ	約25cm
美味しい時期の目安	秋〜春

外見上の区別が難しいメバルの仲間

僕がこれまで出合ったのはキツネメバル、タヌキメバル、タケノコメバル、ウスメバルなど。なかでもキツネとタヌキの見分けは本当に難しい。頭部のトゲの状態や、胸ビレの軟条数《なんじょうすう》、背ビレの条《すじ》の数など、魚の近似種を見分けるには思わぬところにポイントがあります。

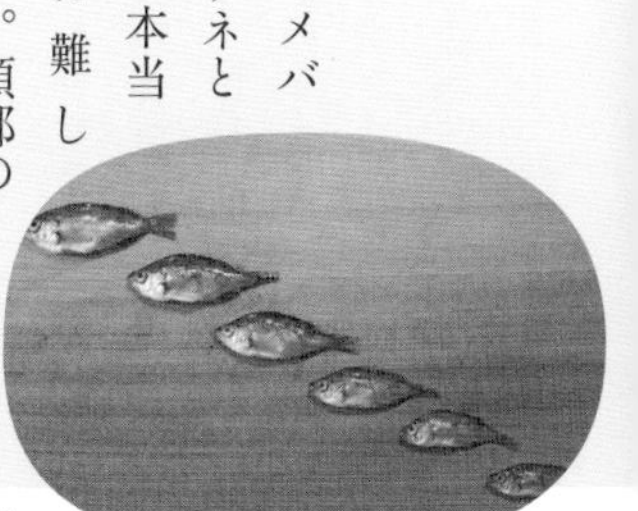

アカメバルの幼魚（約3cm）

大衆的な上白身

カマス

薄いながらも、しっかりとした皮をもつカマス。サッと炙って皮と身の間の濃厚な脂をジュワジュワと溶かし、酢飯と合わせると上質な握りずしになります。

腹側のみならず背中まで全体的に脂がのったカマスは、ひとたび包丁の刃を入れると、バターをナイフで切ったように、こってりとした白い脂が包丁にまとわりつきます。すしで食べる際も小皿の醤油を弾くほどなので、魚側に醤油をつけず、酢飯側に軽く染み込ませることをおすすめします。醤油の表面に脂が広がり、次のすしに影響してしまうのを防ぐことができます。

標準和名	アカカマス
美味しいサイズ	30cm以上
美味しい時期の目安	秋〜冬

3 白身

どれが
美味しそう
でしょう？

これであなたもカマス推し！

突き出した口と、鋭く尖った歯で器用に小魚を捕食し、秋に大きくなるアカカマス。小さい頃は形状の細さから「えんぴつ」「ろうそく」などと形容されますが、まるまると太く育ったアカカマスは、さばく前から想像できてしまうほどにたっぷりの脂。

港からも釣れる大衆魚ですが、「上白身」の位置づけだと思います。

鋭い歯に
ご注意！

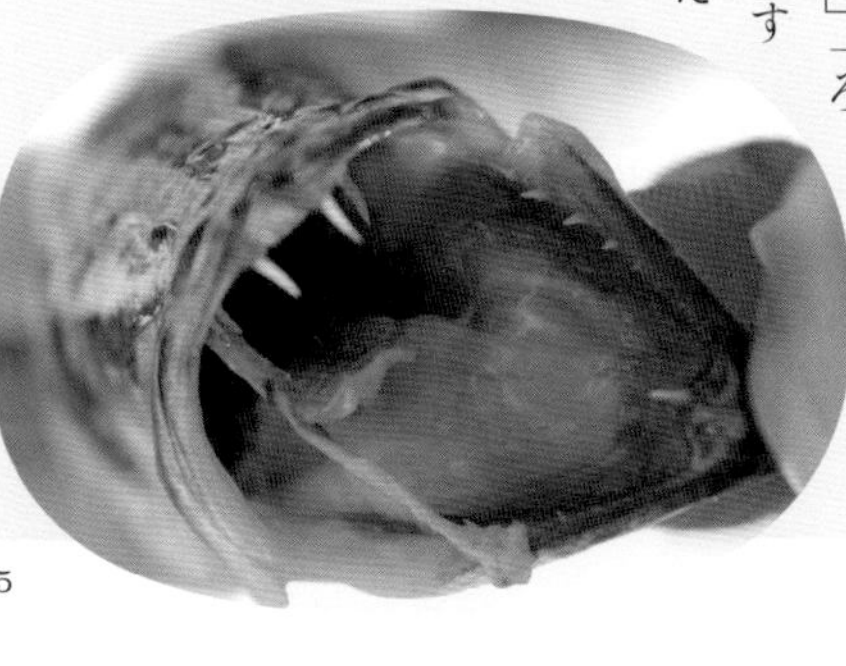

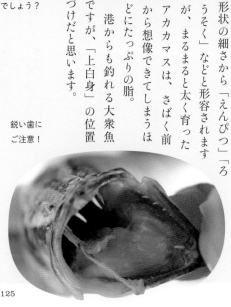

イシダイ

うまさの余韻、長っ！

一口に白身魚といっても、身質にいくつかの傾向があるように感じます。そのうちの一つが「イシダイ系白身」です。一般に脂がのりやすいとされる腹部だけでなく、全身にキメの細かい脂が入っているようなイメージです。身の色は、透明感の中に白さがあります。

醤油との相性がとりわけよく、すしにすると脂が口の中でほどよく溶けて、こってりとしながらも、そこはやはり魚の脂。うまみの余韻を感じさせながら、さらりと流れていきます。

標準和名	イシダイ
美味しいサイズ	40cm以上
美味しい時期の目安	通年

濃い横しまは
若魚の特徴

好奇心豊かな磯釣りのスター

イシダイは、岩場で行われる磯釣りで特に人気のターゲットです。オスの成魚は体のしまが消え、メスは薄くなります。頑丈で強い歯を持ち、好物の貝なんて、殻ごとかじって食べてしまいます。

好奇心旺盛な魚でもあり、海に潜った際に出合うと、かなり近くまで寄ってきます。

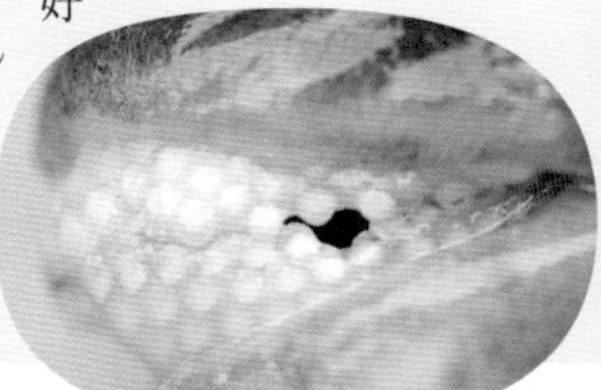

かなり個性的な歯！

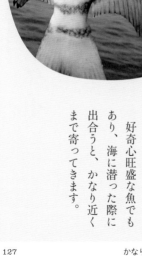

魅惑のイエローライン

イトヨリダイ

尾ビレの先にご注目！　スーッと伸びた黄色の一本線が、糸のような形状をしていることから名付けられた魚です。体のしま模様も美しく、蛍光の黄色は皮の内側にも残っていて、食べていいの？　と躊躇するほど鮮やか。このイエローが美味しさのしるし……というわけではないでしょうが、冬のイトヨリダイの上質な脂を一度知ると、イエローラインを見ただけで涎が出ます。

脂の少ないものを食べ、よい印象がない方もいるかもしれませんが、アマダイのようにとろりと甘くて、美味しいんですよ！

標準和名	イトヨリダイ
美味しいサイズ	30cm 以上
美味しい時期の目安	秋〜冬

糸状にのびた
黄色い尾ビレ

海の青に映える美しいビジュアル

イトヨリダイの漁獲は、網を使っての漁がほとんど。海底にいる魚を狙って船釣りをするときにもよくヒットしますが、イトヨリダイを狙って釣ることは少ないかもしれません。

やわらかく崩れやすい身質のため、すし以外なら、ふわりと蒸して食べるのも美味しいですよ。

背ビレの縁取りも鮮やか

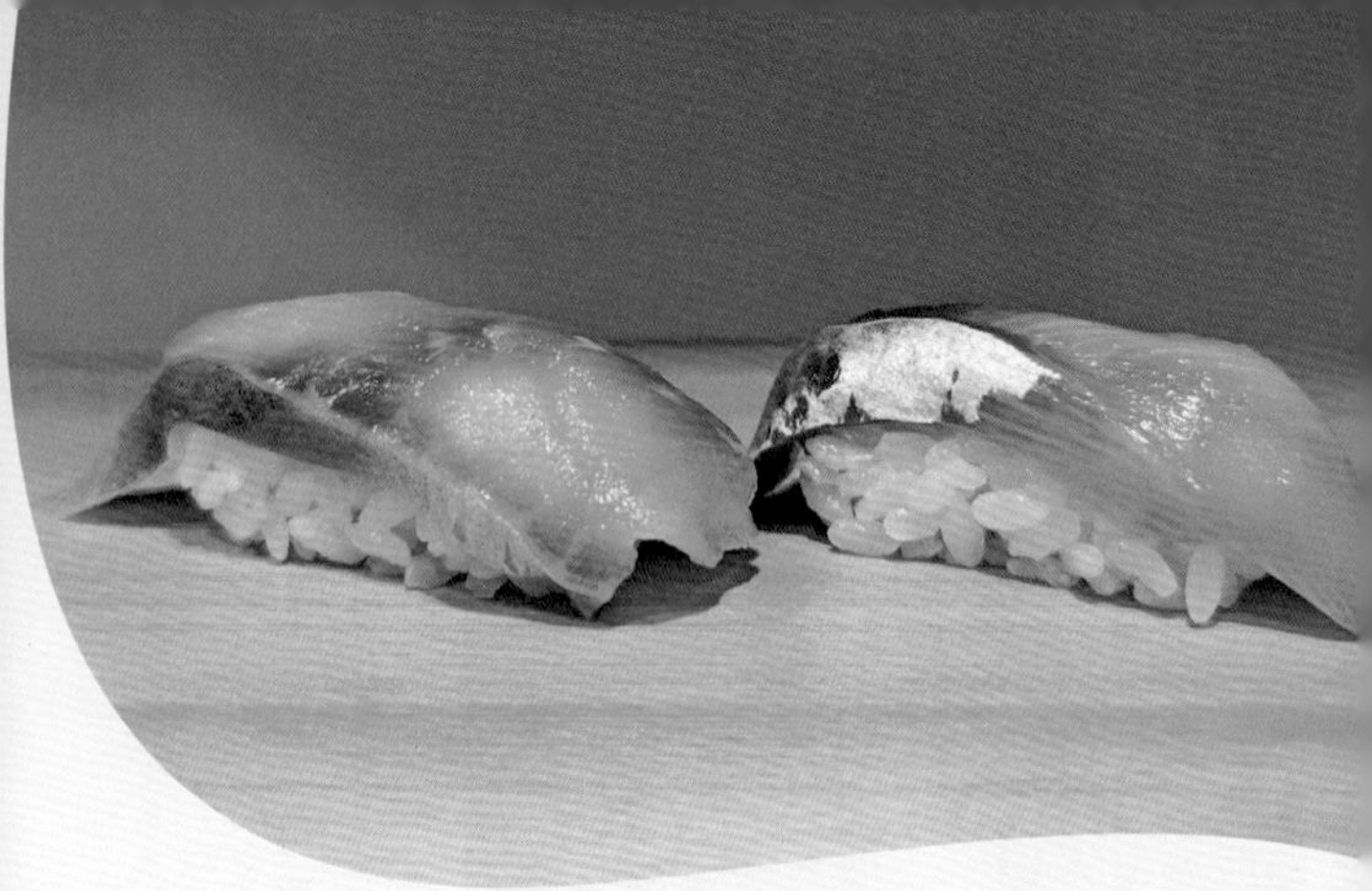

ホッケ

干物もいいけど、浅ヅケもGOOD！

寒い地域に多く生息するホッケは、本州以南のすし屋ではほとんどなじみがないかもしれません。ですが、北海道に行くとかなりの確率で、鮮度のよいホッケのすしが登場します。

干物が美味しいイメージのホッケですが、実はかなり、すしに向いた味わいと食感をしています。生の状態でもうまみはしっかりと濃厚。数秒間だけ醤油に漬けた〝浅ヅケ〟で、ねっとりと食べるのが個人的には好きです。

標準和名	ホッケ
美味しいサイズ	35cm以上
美味しい時期の目安	春〜夏

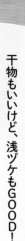

生きている間は
体の斑紋がくっきり

釣ってよし、見てよし、食べてよし

積極的にエサに食いついてくる習性があり、グイグイと力強く引く傾向があるので、釣魚としても面白い魚です。

背ビレのかわいいドット柄を見ることができるのも、海上ならでは。

身離れがよいので、焼いても食べやすいです。

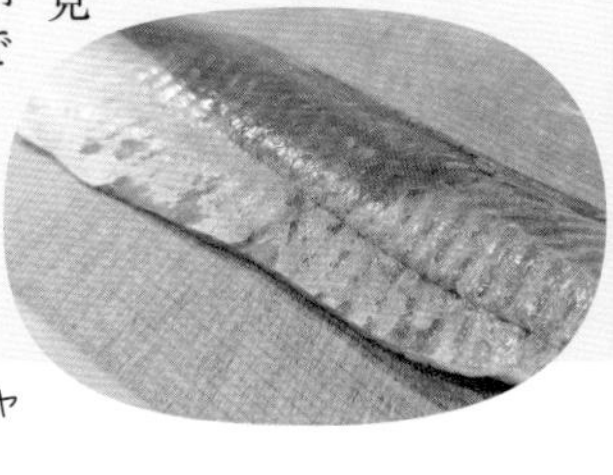
皮を引くと脂でツヤツヤ

マダラ

白子の「父」代表

独特の味と香りが魅力のマダラ。身に脂がのりにくく、身よりも人気が高いのが白子（精巣）です。「白子」といえばマダラの白子のこと。市場で取り引きされる際も、メスよりも白子をたっぷり持ったオスに高い価値が付きます。とはいえ身も昔から重宝され、干して「棒鱈《ぼうだら》」にすることで日持ちのする保存食へと加工されました。棒鱈の食文化は海のない地域まで広まり、現在では内陸部で出合うことが多いです。

マダラの身をすしにするなら、「昆布締め」がバッチリ！　水分多めのタラの身を引き締め、昆布のうまみを移します。

標準和名	マダラ
美味しいサイズ	60cm以上
美味しい時期の目安	秋〜冬

全体にまだら
模様がある

白子の有無でオスメス見分けることも

タラを漢字で書くと、魚へんに雪で「鱈」。雪の降る冬に多く獲れるためです。エサが少ない海底近くに生息し、見つけたエサは次々に捕食する習性のため釣りやすい魚でもあります。

外見上はなかなかオスとメスの見分けがつかず、プロでも間違えるほど。手で腹部を押して、白子か卵のどちらが出てくるかで判断する方もいます。

マダラの白子

味わいはトロ次元！

マナガツオ

マナガツオをすしで食べたことがあるなら、あなたは相当な〝すし通〟。そもそも水揚げ量が多い魚ではありませんが、その中でも下処理がよく、鮮度を保った状態で手に入ることはレアケース。ピンポイントで食べられたあなたは幸運の持ち主です。

一般的には「西京焼き」でおなじみの魚ですが、その味わい深さをご存じであれば、すしにしたときの美味しさも予想できるでしょうか。白身の見た目からは想像できないほど味が濃く、脂ののったマナガツオは、醤油も弾き流します。口に入れると、まるで大トロのような溶け方をしますよ。

標準和名	マナガツオ
美味しいサイズ	40cm以上
美味しい時期の目安	通年（特によい時期は地域差あり）

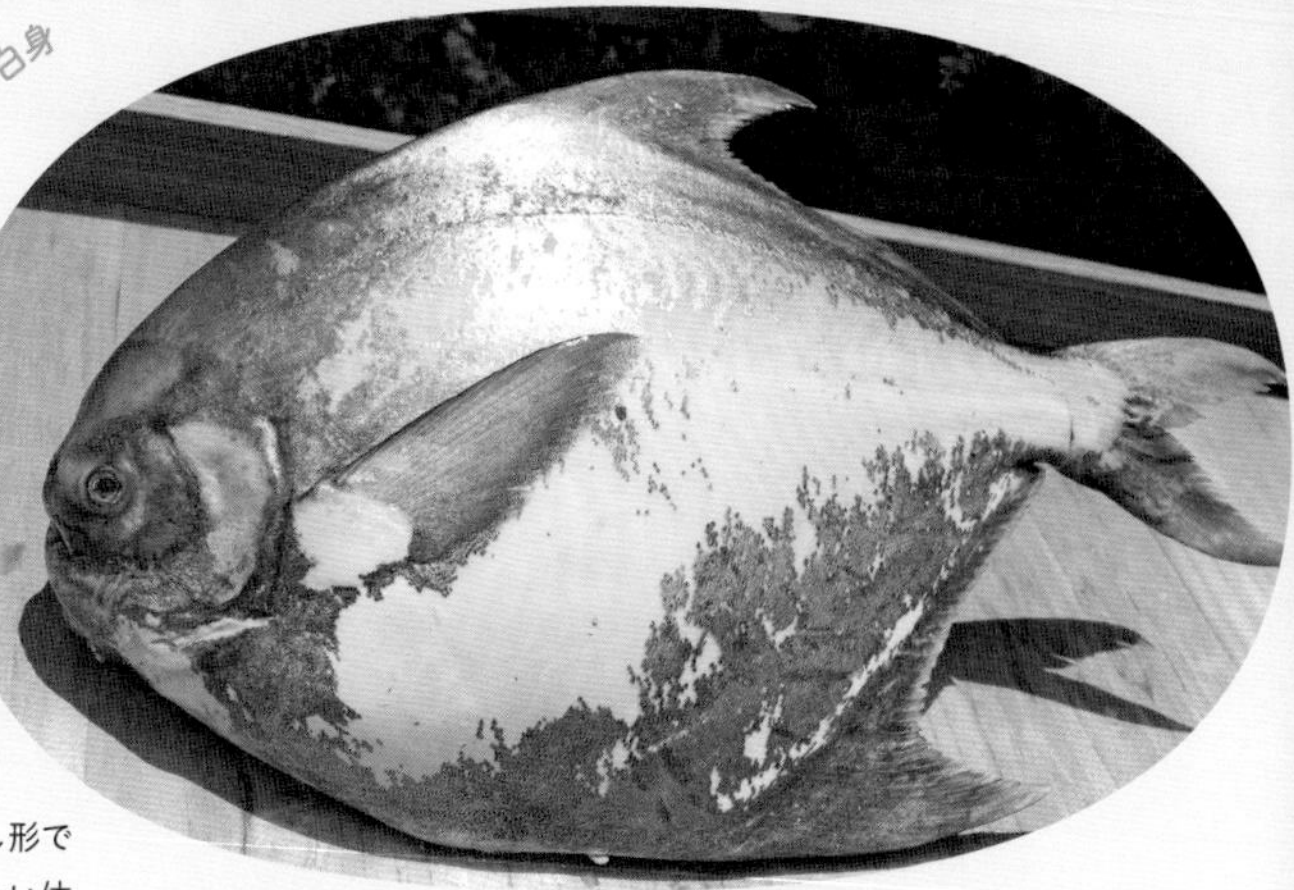

ひし形で
平たい体

はかなくも美しいウロコの銀

銀色に輝くマナガツオの魚体。僕も一度でいいから自分で釣り上げて、皮のギンギラギンがはがれていない状態のマナガツオを見てみたいものです。

しかし、狙って釣ることはとても難しいため、小さい魚や細長い魚ならすり抜けられるほど大きい網目の「刺し網」などで漁獲されることが多いです。

皮を引いて
握ったもの

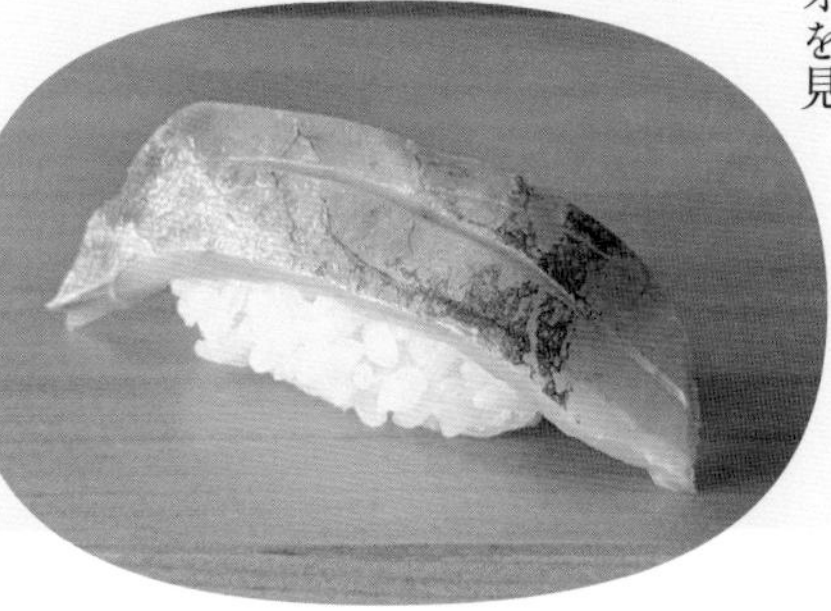

ブリ

80cmの高い壁

サイズや地域でさまざまな呼び名がありますが、正式にはどのサイズ、どの地域でもブリはブリ。ですが世間の基準では、80cm以上か8kg以上じゃないとブリじゃないと言われます。僕も一生懸命釣り上げた75cmを自慢げに仲間に見せたところ、「あー、惜しかったね。ブリではないね」と。

誰がなんと言おうと、ブリはブリなのだ！

……と言いつつ、脂ののった秋冬のブリを分厚めに切りつけて握ったすしを食べると、小さいブリはブリとは呼べないのかもしれないと納得。能登地域では、一味唐辛子をかけてさっぱりと食べたりもします。

標準和名	ブリ
美味しいサイズ	80cm以上
美味しい時期の目安	秋〜冬

青魚とも
呼ばれる青い背

魚の産地は変化している

ブリの脂は少なすぎず、多すぎずがベスト。食べごろは12月から2月あたりで、やはり8kg以上のサイズはなんだかんだで美味しいです。日本海側でも太平洋側でも獲れてブリといえば富山・石川のイメージでしたが、函館の漁獲量がすごい年もあったり。こうしている間にも、魚の生息域はどんどん変化しているかもしれません。

このヒレは
上の写真の
どれでしょう?

ヒラマサ

青物御三家のボス

「青物御三家」とは、青魚の中でブリ・ヒラマサ・カンパチの3魚種のこと。ブリ属の仲間で、見た目がよく似ていることからこう呼ばれたりします。食べて美味しいのはもちろん、釣り人憧れの魚でもあります。

ヒラマサは、3種の中でもとにかく力が強い！　筋肉質な身は、刺身で食べるとブリンブリンとして鮮度を体感できる一方、しっかり下処理をすれば1週間以上は平気で熟成できるという、上質でパフォーマンスの高い身質をしています。

標準和名	ヒラマサ
美味しいサイズ	1m以上
美味しい時期の目安	通年

僕の最高記録
は20kg・126cm

ブリなの？　ヒラマサなの？

単独もしくは小さな群れで行動する回遊魚（海を広く泳ぎ回って暮らす魚）で、体に黄色の縦帯があるのが特徴です。同様の黄色い帯をもつブリと区別する際は、「胸ビレが腹ビレより短いこと」、「黄色の縦帯に胸ビレがかかっていること」などを手掛かりにヒラマサと判断します。

ブリよりも
長持ちする身

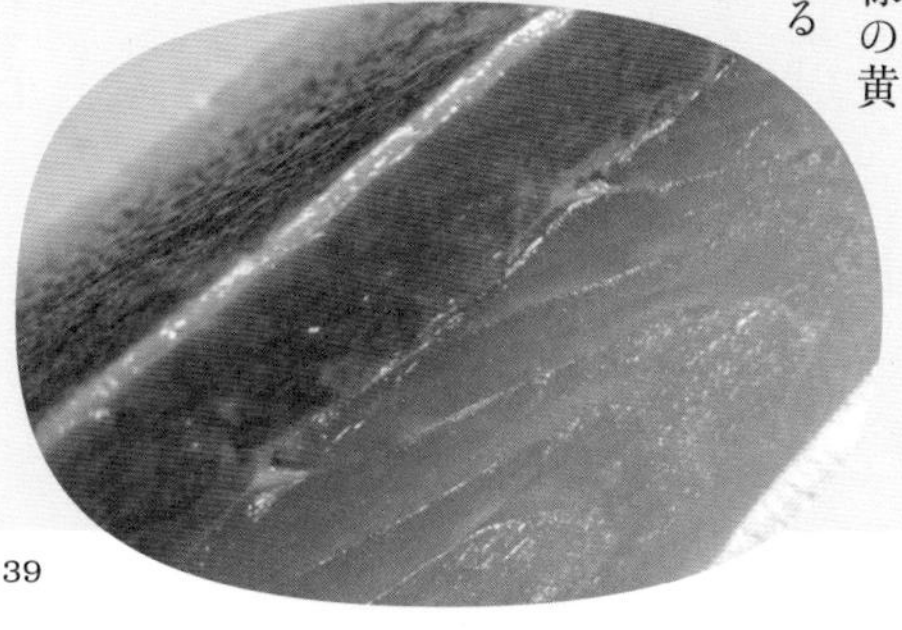

カンパチ

天然あっての養殖であると忘れずに

「青物御三家」の一つであるカンパチは、ブリとは似て非なる味と食感。いわゆる熟成向きの魚で、日に日にうまみが増して食感もやわらかくなります。

養殖が盛んで、養殖のカンパチはエサの調整などにより脂が絶妙にととのえられ、部位を問わず魚体全体がうまみを帯びている印象です。天然ものは部位によって脂のつき方が違い、さっぱり食べられる背の部分と、こってり濃厚な腹の部分に分かれます。天然ものも味わって、養殖のクオリティ進化を楽しむ贅沢な味覚遊びもいいですね。

標準和名	カンパチ
美味しいサイズ	70cm以上
美味しい時期の目安	通年（特に秋〜冬）

うっすら赤みがかっている

たくましい筋肉質を楽しむ

釣れた瞬間からギュンギュンと引っ張られる感覚。なんだ、なんだ⁉　マッチョな獲物の正体はカンパチでした。体色に派手さはないものの、太陽光を反射してツヤツヤに光る姿がまぶしい！　僕の個人的な意見ですが、すしダネとしてのカンパチは脂を楽しむよりも、この筋肉を噛み味わう感じが好みです。

眼にナナメにかかる線が目印

4 イカ・タコ

ヤリイカ

その名の通り、イカ類で一番尖ってる！

一生を一年で終えるヤリイカは、いつ食べてもハズレがないありがたいすしダネ。

春から秋にかけての成長途中の小ヤリイカは、サッと茹でただけでぷりっぷりのごちそうに。大きなヤリイカは冬が繁殖期で、特に強い甘みとうまみを感じます。

可能であれば、胴の部分だけでなく、「イカの耳」と呼ばれるヒレの部分や、ゲソと呼ばれる腕の部分もすしにしてもらい、食感の違いを楽しんでみてください。店によっては口や漏斗（海水や墨を吐き出す部位）を食べさせてくれるところもありますよ。

標準和名	ヤリイカ
美味しいサイズ	外套長（胴長）約25cm
美味しい時期の目安	通年（特に秋〜春）

釣りたての透明なヤリイカ

イカ界のエンターテイナー

活魚として生簀《いけす》に保管され、活き造りとして透明な状態のまま刺身になったり。まだ動くゲソに醤油をつけたら、さらにグニョムニョと動いたり。目でも舌でも、楽しませてくれます。釣りのターゲットとしても大人気で、釣り上げてから激しく変化する体の色に目を奪われます。

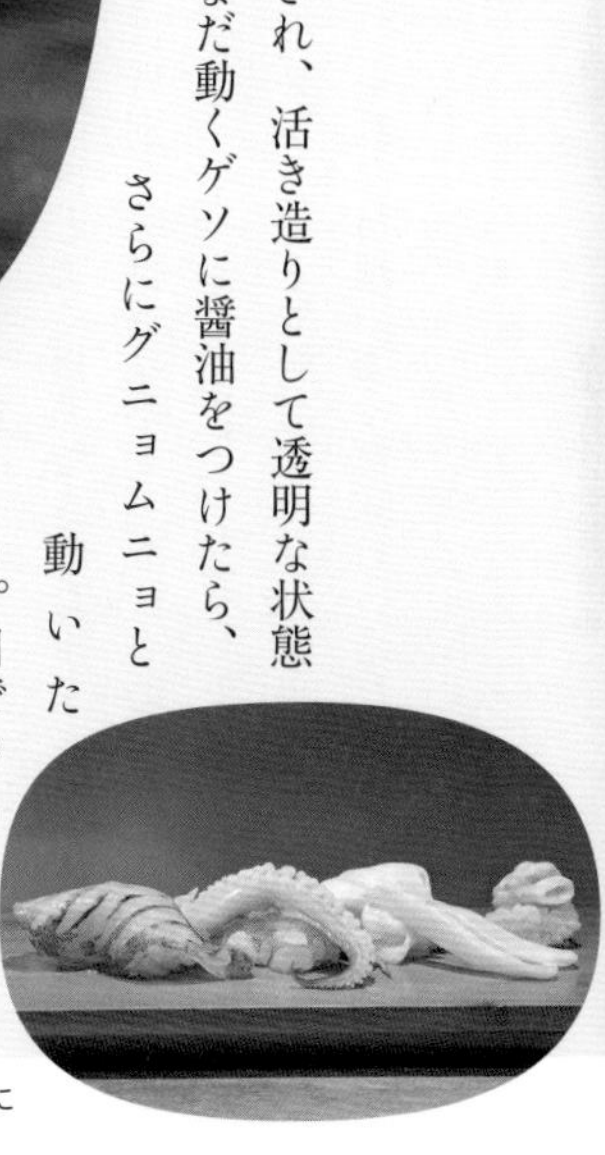

ゲソやヒレをすしに

ホタルイカ

イカのうまいとこ全部のせ！

胴体、耳（ヒレ）、腕（ゲソ）、内臓……イカには部位ごとに特徴的な食感とうまみがありますが、それらすべてを同時に食べられるのがホタルイカの魅力の一つ。しかも2、3匹同時食いなんてしたあかつきには、口の中が美味しすぎて仕方がない！

薬味や酢味噌などで食べるイメージが強いですが、ほどよく塩茹でされたホタルイカには特別な味付けは不要。酢飯との相性も抜群で、すしダネとしても適しています。ホタルイカと酢飯だけのシンプルな構成で、上質な料理のような味わいになります。

標準和名	ホタルイカ
美味しいサイズ	外套長（胴長）約6cm
美味しい時期の目安	春

生きている
ホタルイカに
感動

春の浜辺でホタルイカ拾い!?

発光する性質をもつホタルイカ。青い光を放つ発光器が体のあちこちにあります。漁師の方々が網で獲るのはいわゆる〝漁業〟なので権利が必要ですが、産卵のために浮上したメスのホタルイカが浜に打ち上げられる「身投げ」という現象に対しては権利が必要ないため、バケツを持って拾いに行く一般の方もたくさんいます。

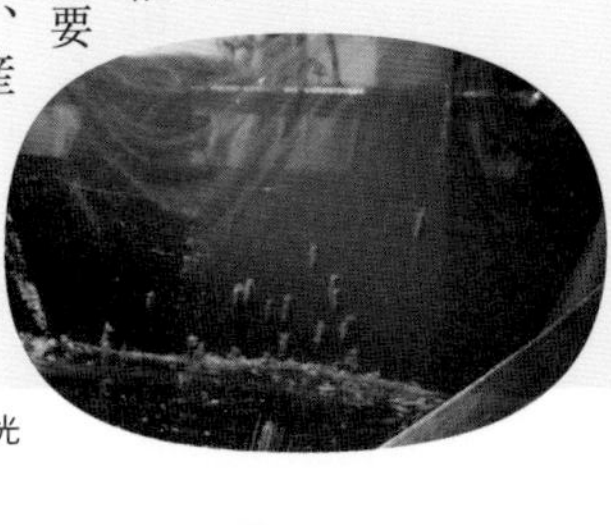

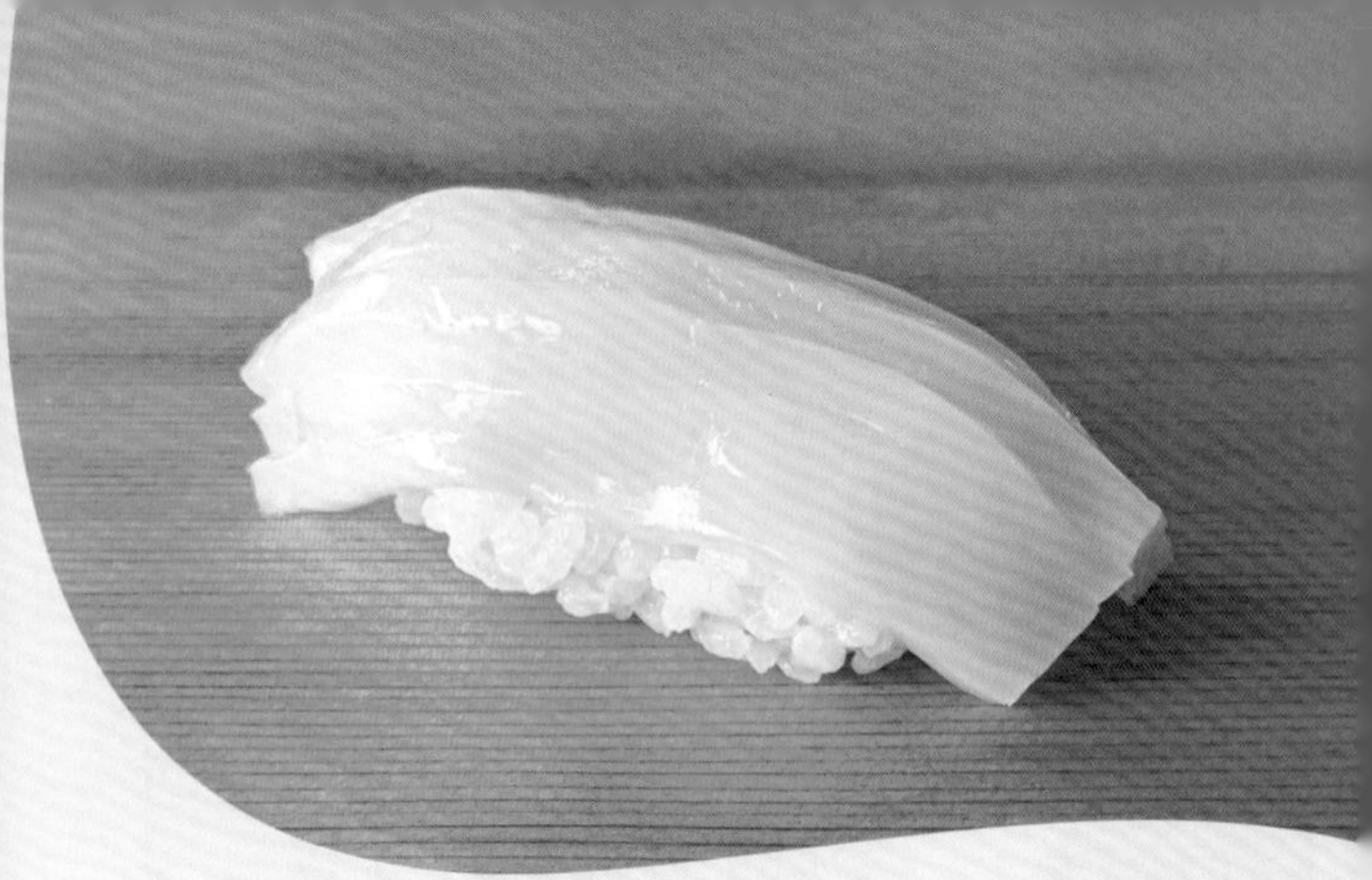

スルメイカ

〝するめ〟との違いって？

肝まで美味しいイカの代表で、「イカの塩辛」の主原料にもなるスルメイカ。スルメイカなどの内臓を取り除いて乾燥させた食品が、いわゆる〝するめ〟です。

肝の濃厚さに加え、身の美味しさにもどっしりと厚みがあります。食感はコリコリ&ねっとりが同居していて、噛みごたえ満点。切り方によっては容易に噛み切れないほどです。すしダネにする際は、細切りにすると断然食べやすくなります。

力強い甘みのスルメイカは、酢飯と合わせると、イカの甘さだけでなくうまみと香りも引き立ちます。

標準和名	スルメイカ
美味しいサイズ	外套長（胴長）約25cm
美味しい時期の目安	通年（特に秋〜冬は肝がたっぷり）

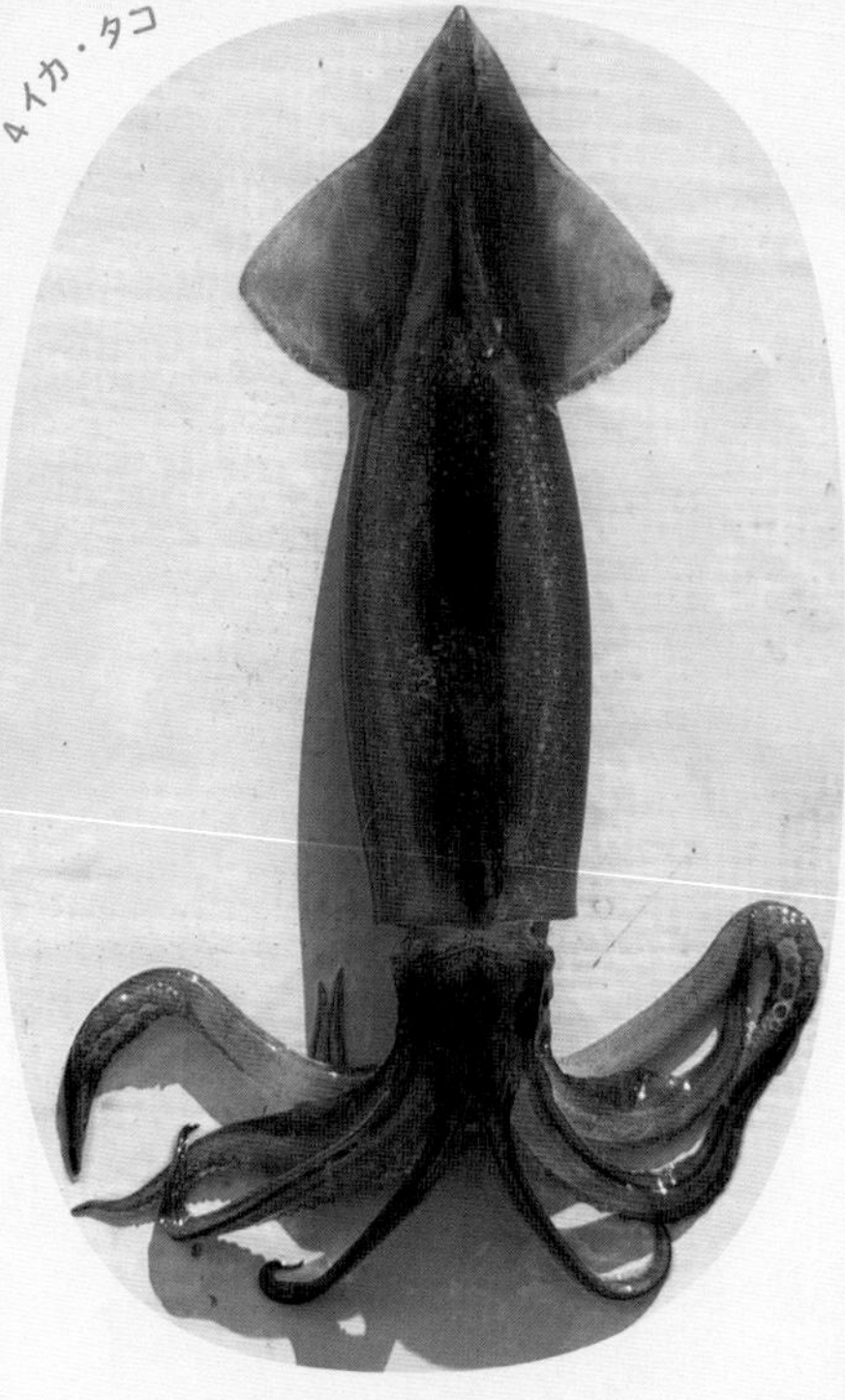

本当はこの向き

逆さま

日常に寄り添うイカ

一年を通して日本各地で水揚げされる、漁獲量の多い一般的なイカです。群れで泳いでいることが多く、釣れ始めるとどんどん釣れます。

マグロやブリなどの大型の魚を釣る際に、生きたままエサに使われることもあります。

ちなみに、イカの向きってどっち向きが正解かご存じですか？

いかめしにしても格別！

透け透けずし!?

ケンサキイカ

イカの食感の表現には、「コリコリしている」「ねっとりしている」の大抵どちらかが用いられます。このうちケンサキイカは「コリコリ」を好まれる傾向です。活きているものをササッとさばき、透明感のある状態で食べるのが人気。数日寝かせて食べるような「ねっとり」方向とは異なるベクトルで味わう、贅沢な活造りです。

透明な身をすしにすると、酢飯が透け透け状態に。食べると口の中でバラバラになってしまいそう? いやいや。よく噛んで、じっくり時間をかけながらイカと酢飯を口の中で一体化させてください。

標準和名	ケンサキイカ
美味しいサイズ	外套長（胴長）約35cm
美味しい時期の目安	通年味のブレがない

怒って赤みを
帯びた瞬間

イカ釣りの妙

イカを釣る際には、「餌木《えぎ》」と呼ばれる特徴的な仕掛けなどが使われます。イカは押すよりも〝引く〟習性があり、腕も多いので、引っかかりやすいよう数本の針を束ねた形状をしています。

海から上がったばかりのイカは、体の色が〈半透明の白↔鮮やかな赤↔透明感のない白〉と激しく変化を繰り返します。

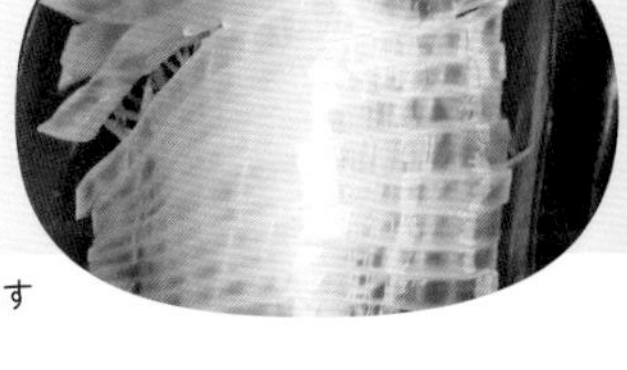

うまみモンスター！

アオリイカ

肉厚な身は美しく透き通り、適度な弾力があります。うまみ成分であるグリシンを多く含み、甘みが強いのが特徴。「障泥《あおり》」とは馬具の一種で、馬の両腹に垂れ下げる泥除けのこと。幅の広いヒレの色や形が似ているため、この名がついたとされます。

すし以外の料理もたくさんありますが、僕のおすすめは「焼きそば」！　イカの中でも高級なアオリイカ、すし屋ではひと切れひと切れ大切に使います。これを焼きそばにたっぷり入れる贅沢は、釣り人の特権かも。

標準和名	アオリイカ
美味しいサイズ	外套長（胴長）約30cm
美味しい時期の目安	通年味のブレがない

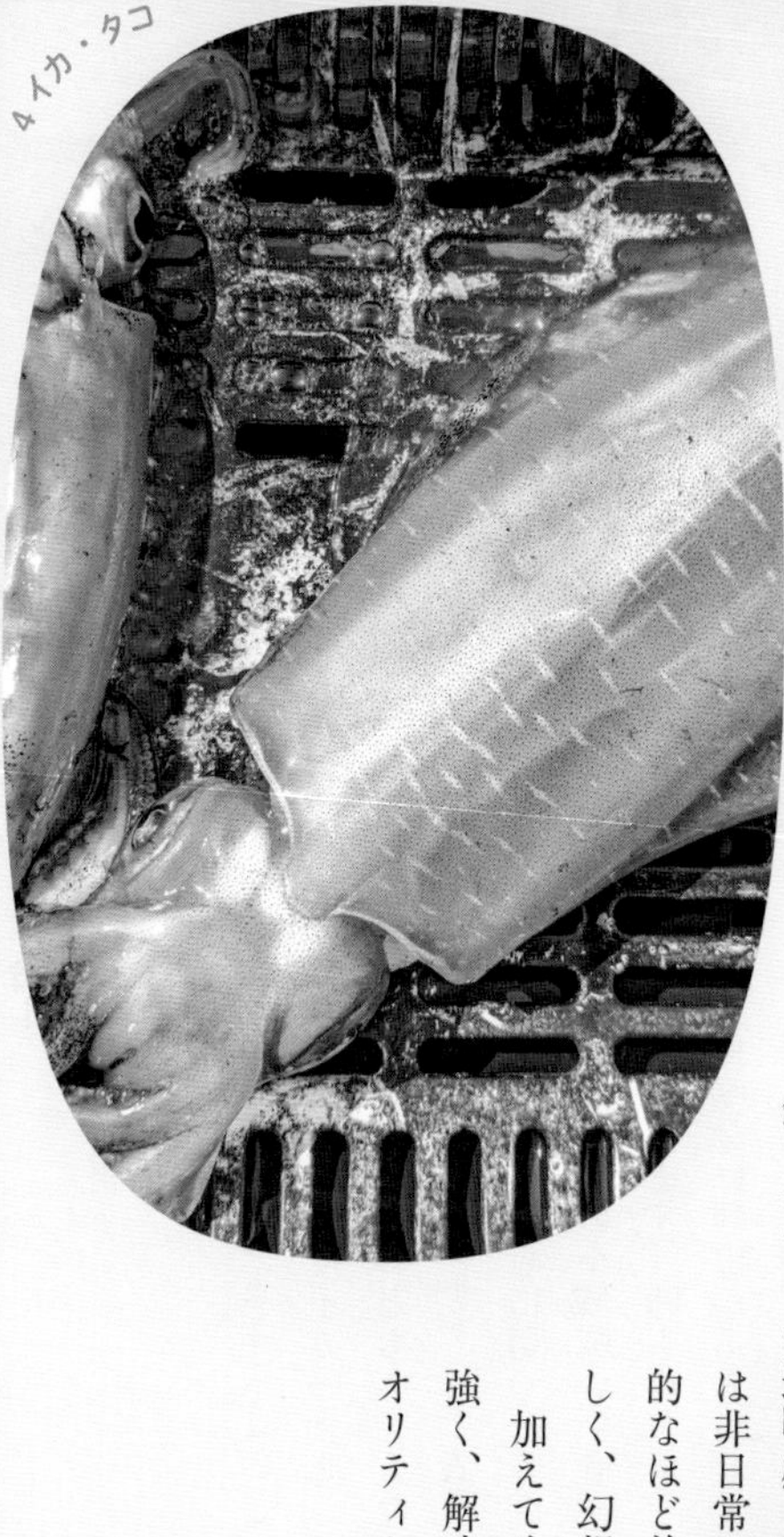

エメラルドグリーンの眼まわり

冷凍耐性、標準装備

イカ釣りをする人の多くが虜になるアオリイカ。沖合だけでなく、陸から気軽に狙えるのも人気の要因です。

釣ってすぐの透明感は非日常的なほど美しく、幻想的。加えて冷凍保管にも強く、解凍後も高いクオリティを保ちます。

締めると上のように白くなる

食感革命!

コウイカ

「歯切れがいい」とはまさにこのこと!

150ページで紹介したイカの食感「コリコリ」「ねっとり」、そのどちらでもないのがコウイカです。「サクサク」と表現したらいいでしょうか。厚めに切った鮮度のよいものを噛んだときの小気味いい食感は、記憶に深く刻まれます。味も申し分なく、見かけたら食べない理由がありません。

夏になると出回る新物、コウイカの赤ちゃんは「新イカ」と呼ばれ、これまた歯切れ抜群。小さくても味はしっかりとコウイカで、やわらかいのにサクサクしている、これぞ食感革命です!

標準和名	コウイカ
美味しいサイズ	外套長(胴長)20cm以上
美味しい時期の目安	通年(新イカは夏)

腕が短く、ずんぐりしている

〝ハリイカ〟？〝スミイカ〟？

体内にある甲羅《こうら》の先に、針のように尖った危険な部位があることから、関西地方では「ハリイカ」と呼ばれます。関東では「スミイカ」とも呼ばれていて、釣り上げた際に吐き出す墨の量がほかのイカとはレベル違いです。腕が短めのイカで、仕掛けを引く力は想像以上に強いです。

コウイカの赤ちゃん「新イカ」

カミナリイカ

Kiss me!

「カミナリ」と付く名前のインパクト！　由来を辿ると「雷の多い時期に獲れるから」なんていう漫画のような説があったりしますが、実は僕が左ページのカミナリイカを新潟で撮影した日の前後も、しっかりと雷が鳴っていました。

体の模様も独特で、キスマークのような柄があちこちにあるように見えます。

分厚めに切ってもやわらかく食べられるカミナリイカ。すしダネとして握る際も、甘みとねっとり感を存分に堪能できるよう、大げさに分厚く切ることにしています。

標準和名	カミナリイカ
美味しいサイズ	外套長（胴長）約40cm
美味しい時期の目安	通年肉厚で食べごたえあり

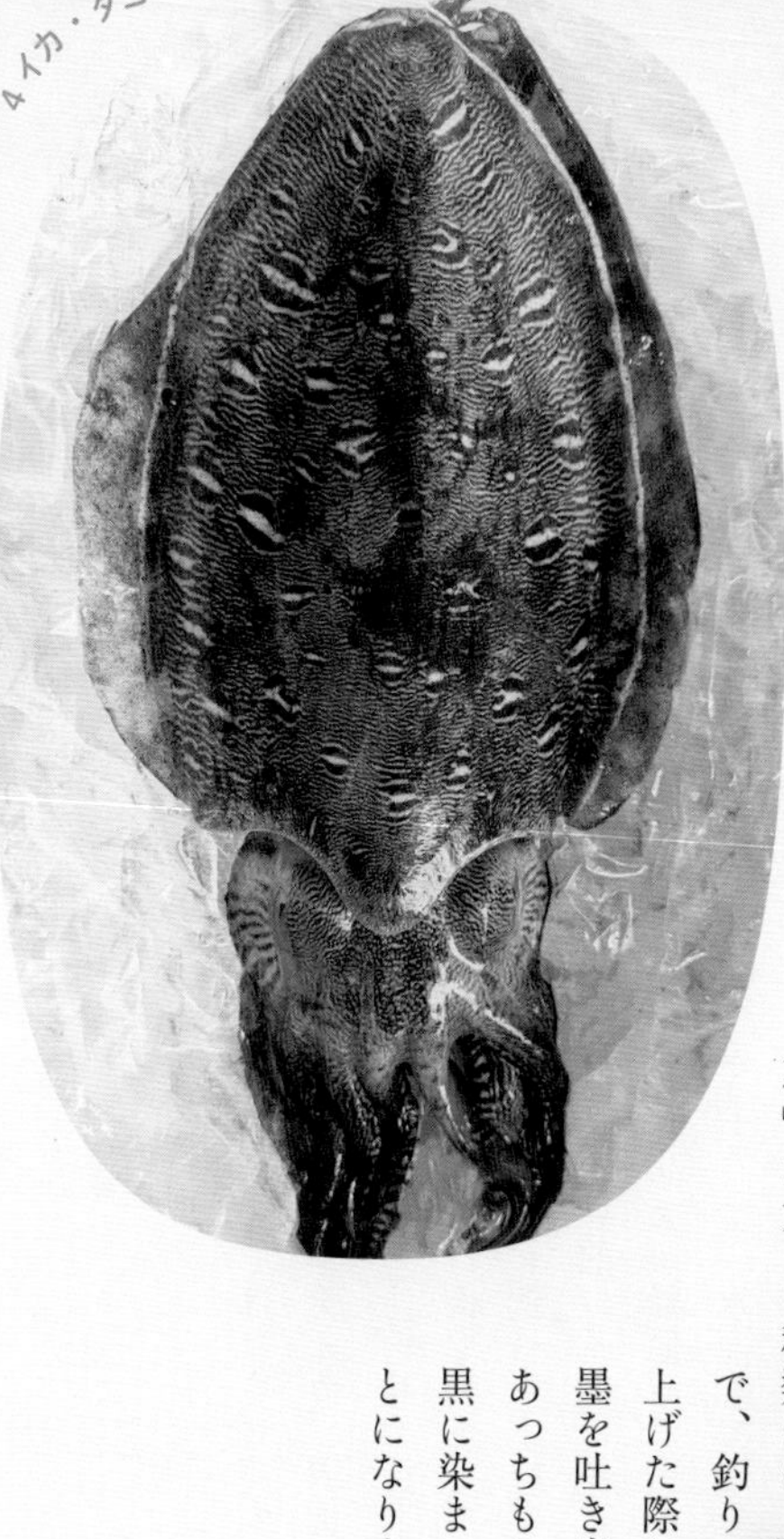

コウイカに似た体形

大量の墨にご用心！

網を使って漁獲することが多いですが、釣ることもできるカミナリイカ。イカの中でも「墨袋（墨の詰まった部分）」が大きい種類なので、釣り上げた際に墨を吐き出されると、あっちもこっちも真っ黒に染まって大変なことになります。

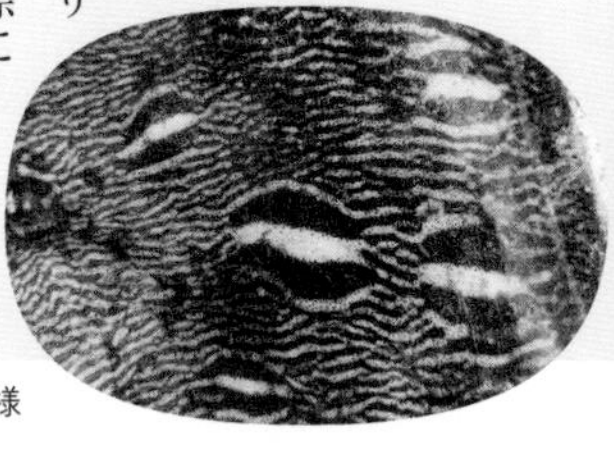

唇のような模様

ソデイカ

愛とは……。

体は大きくとも大味ではなく、イカのうまみがしっかりとあるソデイカ。表面の噛み始めはサクッ、コリッと、中は全体がねっとりとして、どれだけ肉厚に切っても噛み切れるので子どもでも食べやすいです。

ソデイカをはじめ一部のイカはオスとメスが一緒に泳ぎ、メスが疑似餌に掛かるとオスが助けようとして、水面まで追いかけてきます。逆にオスが先に捕まるとメスは逃げていきます。子孫を残すために本能が働くのでしょうが、切ない……。愛とは……。

標準和名	ソデイカ
美味しいサイズ	外套長（胴長）1m以上
美味しい時期の目安	通年

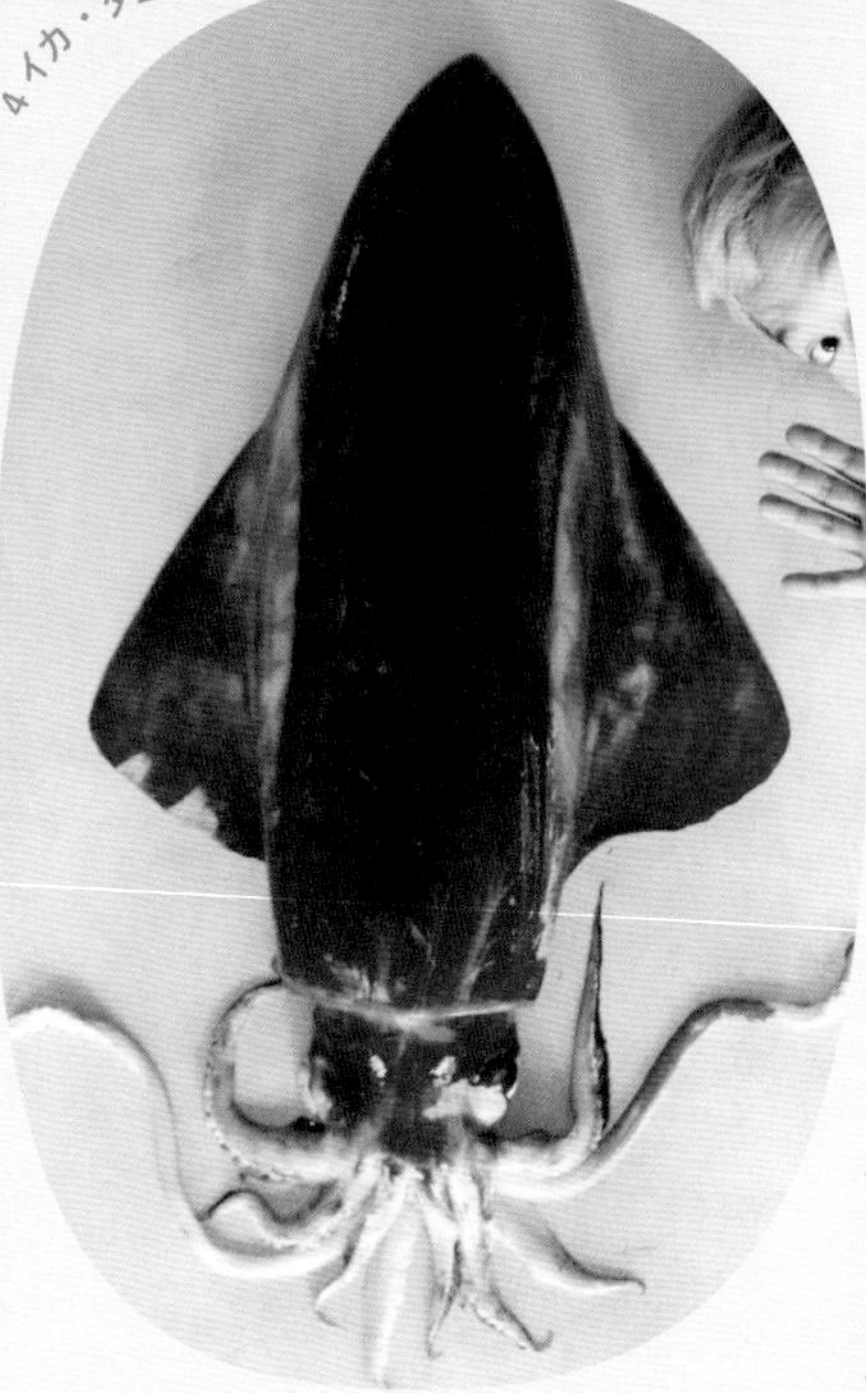

圧倒的
ビッグサイズ！

すし1000貫、余裕で作れる

諸説あるようですが、ゲソにヒラヒラ袖《ソデ》があるのも名前の由来の一つ。大型のイカなので、獲る仕掛けも通常の10倍ほどのサイズ！ 市場で赤色の状態で並ぶことから「アカイカ」と呼ぶ地域も多いです。皮をむくと身は白く、何イカかわからなくなりそうですが、これほど肉厚なイカは多くないのですぐにわかります。

ゲソについた袖

マダコ

マダコは握らない。

「マダコのすしは握らない」と決めたのは2015年のこと。かなり薄く切って飾り包丁を入れなければ口の中で一体化せず、マダコだけが口に残りがち。一方、僕が一番好きな食べ方は「ぶつ切り」。歯応えと、噛むほどに出る香りとうまみ。ではどうするか？　咀嚼回数が異なる2つを同時に口に入れない、「セパレートタイプ」に行き着いた。マダコと一口大の酢飯を並べ、まずマダコを食べる。よく噛んで楽しんだあと、飲み込まずに酢飯で追いかける。両者を混ぜるようにして口の中ですし化する。これが今のところの僕の答えです。

標準和名	マダコ
美味しいサイズ	約50cm
美味しい時期の目安	通年

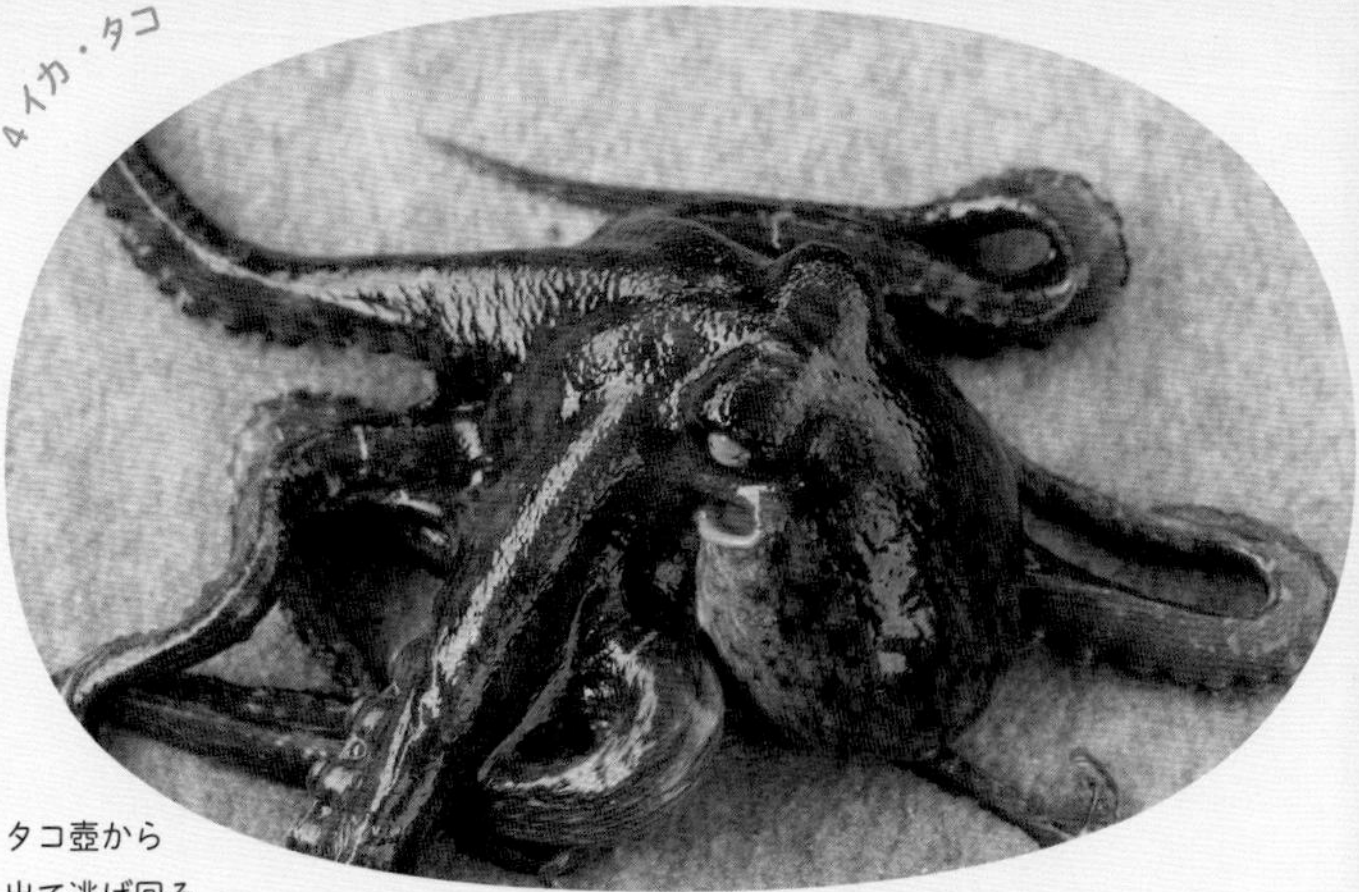
タコ壺から出て逃げ回る

縦横無尽に逃げ回る柔軟な生き物

「タコ壺漁」のほか、釣り上げることも可能なマダコ。腕を巧みに使って逃げ回り、岩などにへばりつきます。エサの味が身の味に反映されやすく、アワビをたくさん食べればアワビ味、カニならカニ味、ホヤならホヤ味、エビならエビ味。そこも柔軟なタコなのです。生のタコは緑茶で茹でると、赤い色がきれいに出ますよ！

緑茶の湯につかるマダコ

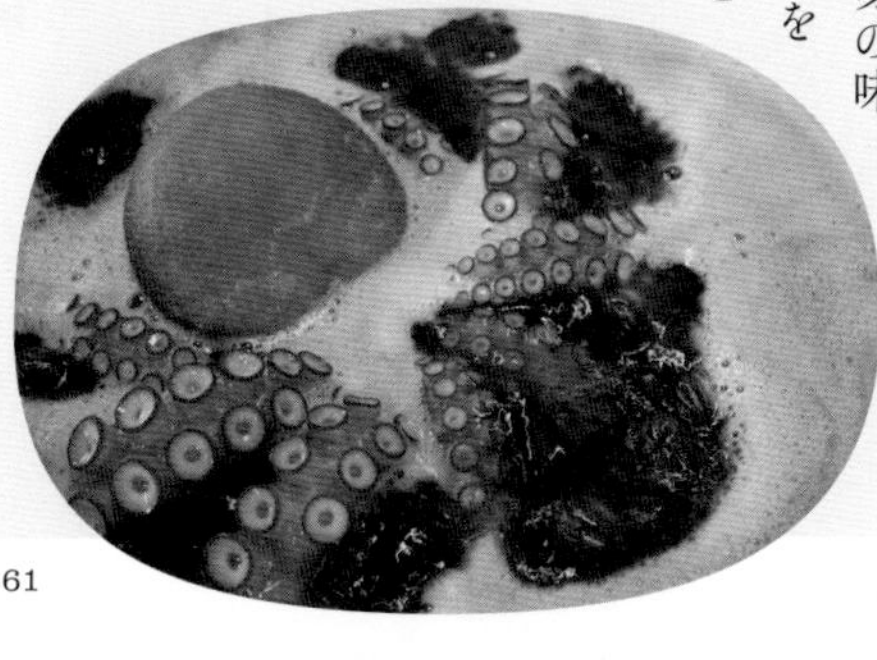

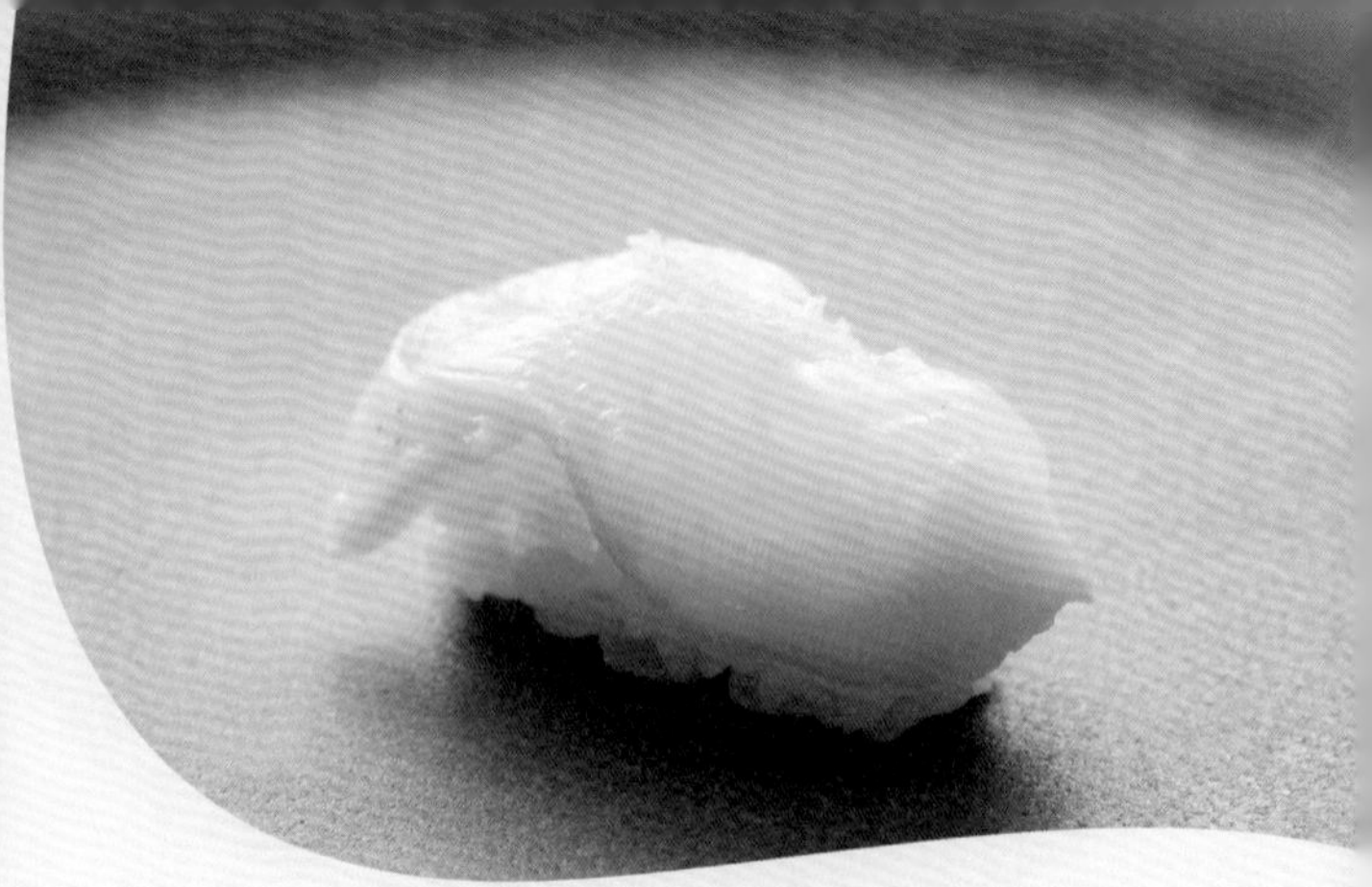

ひと切れに込められた無数の魂

ミズダコ

「世界最大」とも言われる大型のタコです。

大きく成長すればするほど天敵がいなくなるため、どんどん捕食を繰り返します。エサとして食すものの代表がカニ類らしく、そりゃあ、身も美味しくなるわけです。我々人間がひと切れのミズダコを食べるとき、それは同時にカニやエビ、貝、魚、ウニなどを食べているようなもの!?

透明感のある白い身からは想像できないほどの強い甘みと、何種類ものうまみが凝縮されています。

標準和名	ミズダコ
美味しいサイズ	1m以上
美味しい時期の目安	通年

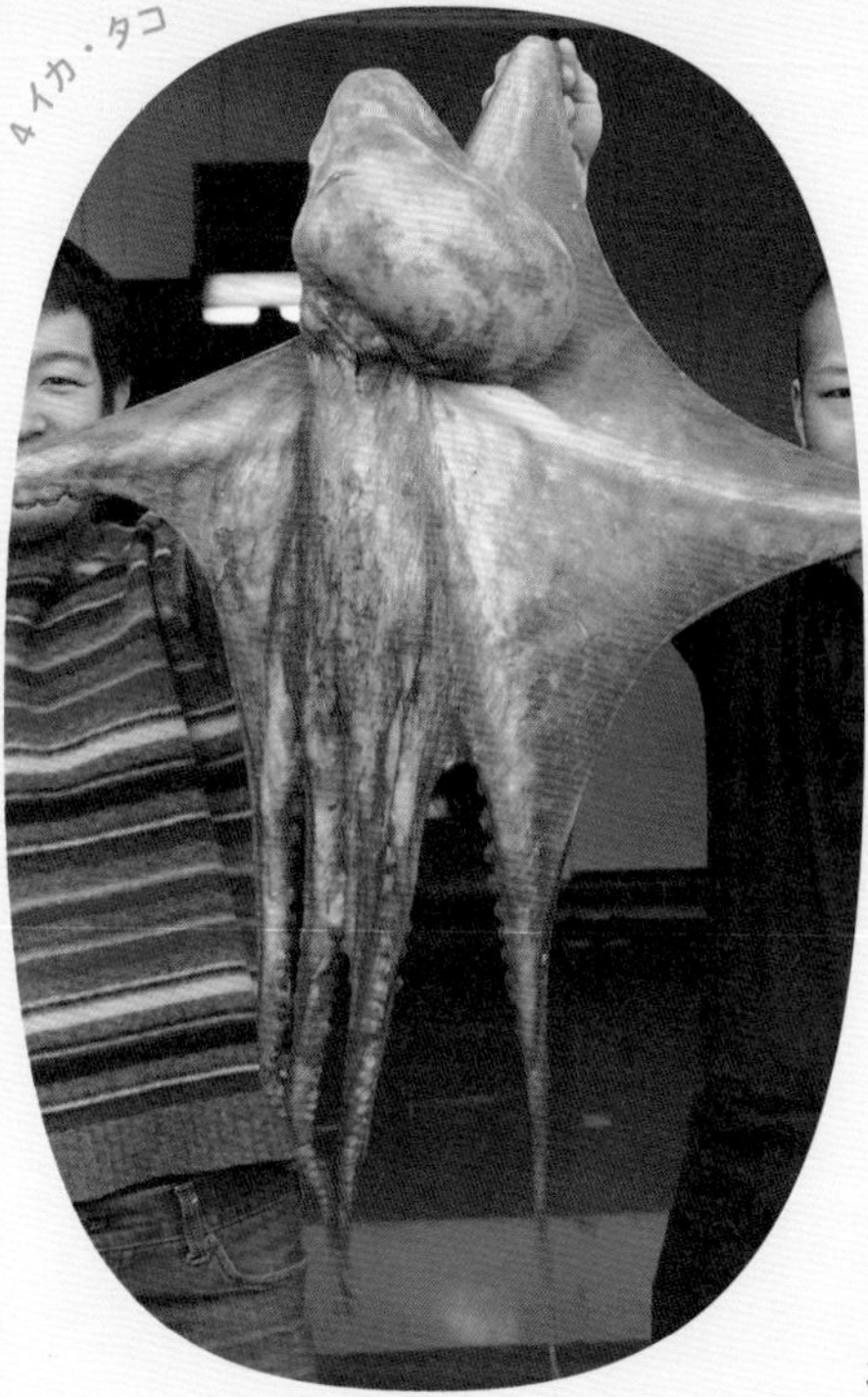

これでも、
小さいほう

大きい個体ほどうまい！

体が重く、長い距離を泳ぐのが苦手なため、海底を少しずつ這うように泳ぎます。東北以北の寒いエリアに生息していて、北海道での漁獲がほとんどです。通年美味しく食べられますが、僕の経験上、サイズが大きければ大きいほど美味しいです。

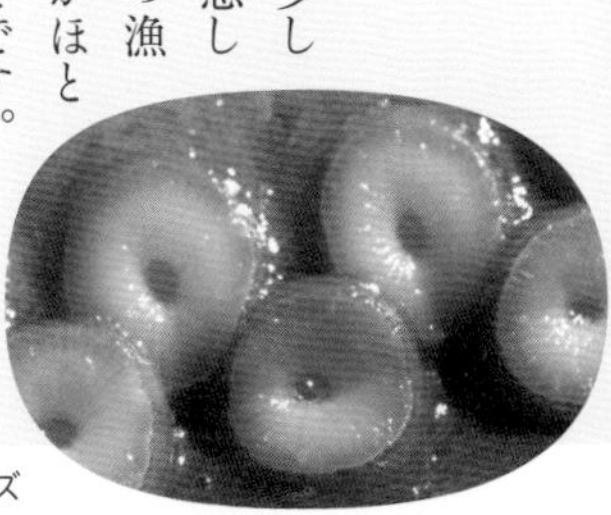

吸盤もケタ違いのサイズ

5
貝

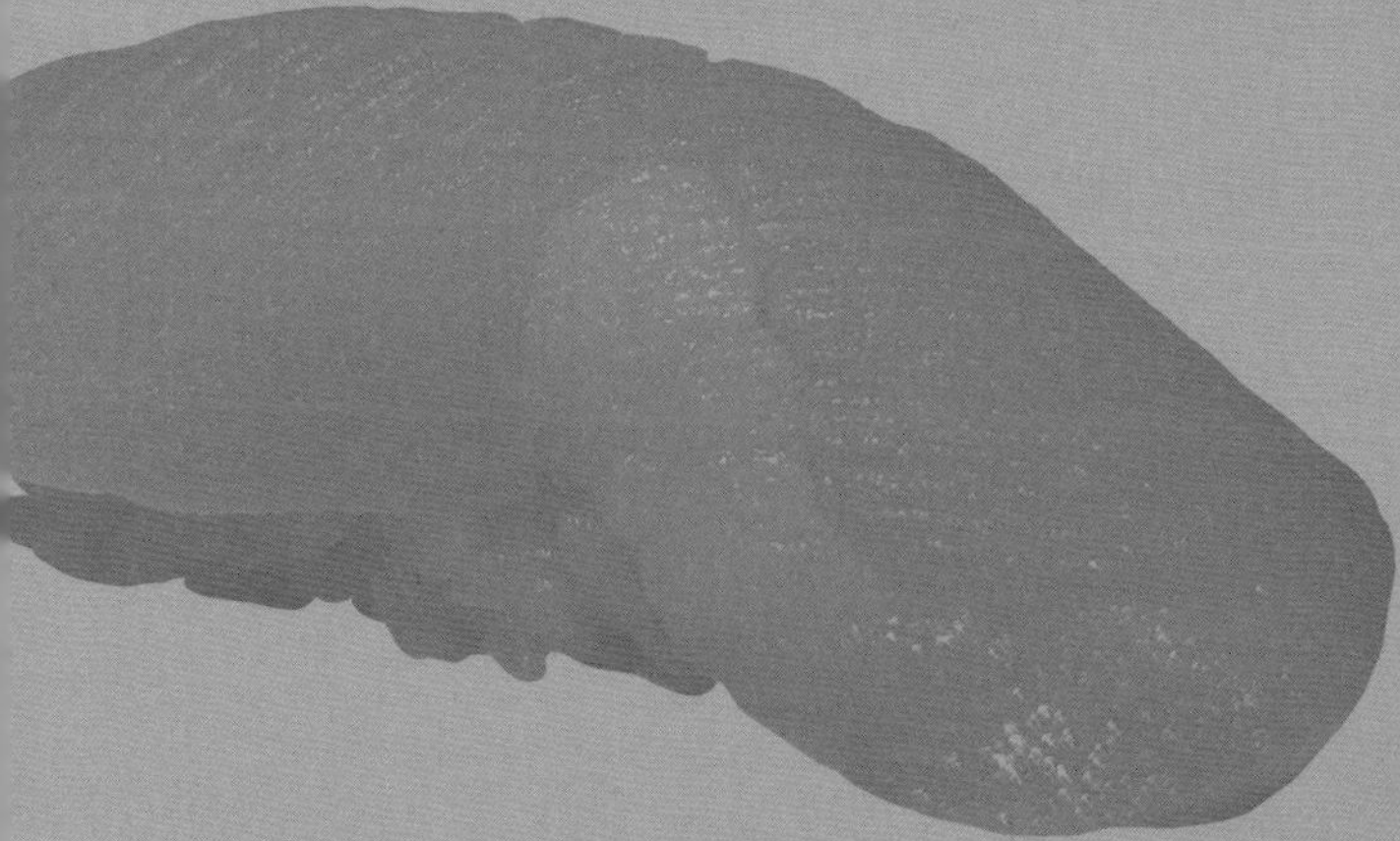

貝の握りずし界のボス

アカガイ

同じ貝類でも、アサリなら味噌汁や佃煮、ホタテならお鍋やバター焼き。多様な貝料理がある中で、アカガイが食卓に並ぶことは少ないはず。まれに缶詰がありますが、近種のサルボウガイだったりしますので、食文化としては偏った存在です。

状態のよいアカガイは、食感がコリコリしていて味もよく、何といっても「香り」が個性的。磯っぽいとか、生っぽいと表現するとネガティブに思われるかもしれませんが、南国のフルーツっぽさも感じるような……。アカガイの「ヒモ」も同様の香りや味がして、食感はもっとコリコリです。

標準和名	アカガイ
美味しいサイズ	殻長約10cm
美味しい時期の目安	秋〜春

毛の生えた貝!?

中身とのギャップに慄《おのの》く、ワイルドな外見

パッと目を引く朱色の身からは想像できないような、毛むくじゃらの外見をしているアカガイ。

獲り方はというと、鉄のツメが付いた器具に袋状の網を取り付け、海底をひいて砂をかきながら獲っていく「貝けた網漁法」などがあります。

巻き物の定番「ひもきゅう」

甘いはうまい！

ホタテ

むきたてのプリッと甘く活きたホタテと、むいてから数日寝かせたねっとり甘いホタテ。どちらにしても「甘くてうまーい！」と喜ばれるのがホタテの一番の魅力です。

ホタテの貝柱は、生の状態だと歯で簡単に噛みちぎれるやわらかさですが、加熱後にはシコシコとした噛み応えに変化します。「ヒモ」と呼ばれる外套膜の部分も味が濃く、コリコリ、シャキシャキとした食感で楽しませてくれます。

鮮度がよければ、ピンク色の卵巣や、乳白色の精巣も濃厚で美味しいですよ。

標準和名	ホタテガイ
美味しいサイズ	殻長約15cm
美味しい時期の目安	通年（特に春～夏、冬）

こう見えて
まだ生きている
ホタテたち

年中美味しいホタテが、特にウマイ時期

ホタテの食べごろは、年に2回。貝柱の部分が美味しくなるのは、春から夏です。たくさんエサを食べて育ち、大ぶりでプリプリ！　一方、冬のホタテで美味しくなるのは発達期を迎える生殖巣の部分です。貝柱とともにお鍋やバター焼きにすると、ホタテのコクを楽しめます。圧倒的シェアを誇るのは北海道と東北地方です。

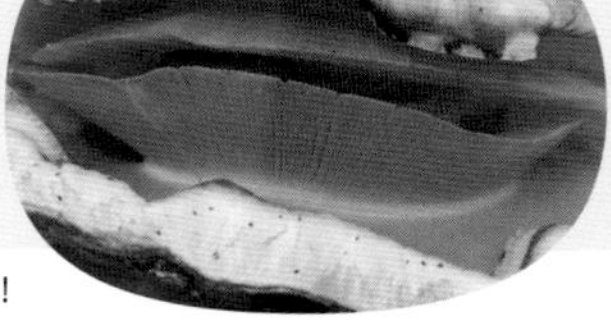

一列に並ぶ黒い点は全て「眼」！

食べる前に叩くべし！

トリガイ

素朴な外見、しかし貝殻を開くとうす紫がかったピンク色の美しい内側と、トゥルッとした濃い紫色のトリガイが顔を出します。この濃い紫の色素は、まな板でこすれるとどんどんはがれてしまいます。そのため、いかにこの色をきれいに残して仕込みをするかが職人の腕の見せどころ。

下処理されてグタッとしたトリガイは、すしにする直前に叩きつけることで筋肉繊維がギュッと縮み、身が反り上がります。ムニュムニュした食感から、歯切れのよいシャクシャク食感に変化。酢飯と味わうと、甘さや香りを楽しむことができます。

標準和名	トリガイ
美味しいサイズ	殻長約10cm
美味しい時期の目安	春〜夏

見た目以上に
殻はもろい

トリガイ＝高級フルーツ？

海底に沈めた網を船でひく「小型底びき網」などで獲られるトリガイ。年々希少になっているのと、殻が割れやすい性質もあって、漁獲後も丁寧に、丁寧に扱われます。とあるトリガイ漁師さんは、流通の過程で転がるなどして殻が割れないよう、高級フルーツのように一つ一つ個包装し、愛情たっぷりにトリガイを送ってくださいます。

なんとも
雅な色！

ホッキガイ

マッチョなおばあちゃん？

標準和名は「ウバガイ（姥貝）」。寿命が30年ほどと長いため、との説があります。「姥（老女）」という語とは裏腹に、鮮度抜群のホッキガイは切り身にしたあとも、食べる直前に器に叩きつければ筋肉繊維がキュッと引き締まって動くほどビンビンです。生命力が強く、水中でなくても温度さえ低ければ、殻を閉じた状態で数日間生きていられます。酢飯との相性も抜群で、貝の味の濃さや歯応え、香り、ミルキーな味わいが口の中でジュワジュワと広がります。すぐ飲み込まず、ホッキ汁が出るまでしっかりと噛んでご堪能ください！

標準和名	ウバガイ
美味しいサイズ	殻長10cm以上
美味しい時期の目安	冬～春

背景の雪が
お似合い

寒い地域を代表する貝

むきたてのホッキガイは細胞がまだ生きているので、刺激を与えると硬く引き締まって食感がよくなります。お店でも通常、板前がカウンターの中で貝をまな板に叩きつけ、引き締めてからお出しします。食べごろは冬で、濃厚なだしが出るため鍋やラーメン、パエリアやパスタなどでも存在感を発揮します。

ホッキ漁の
様子

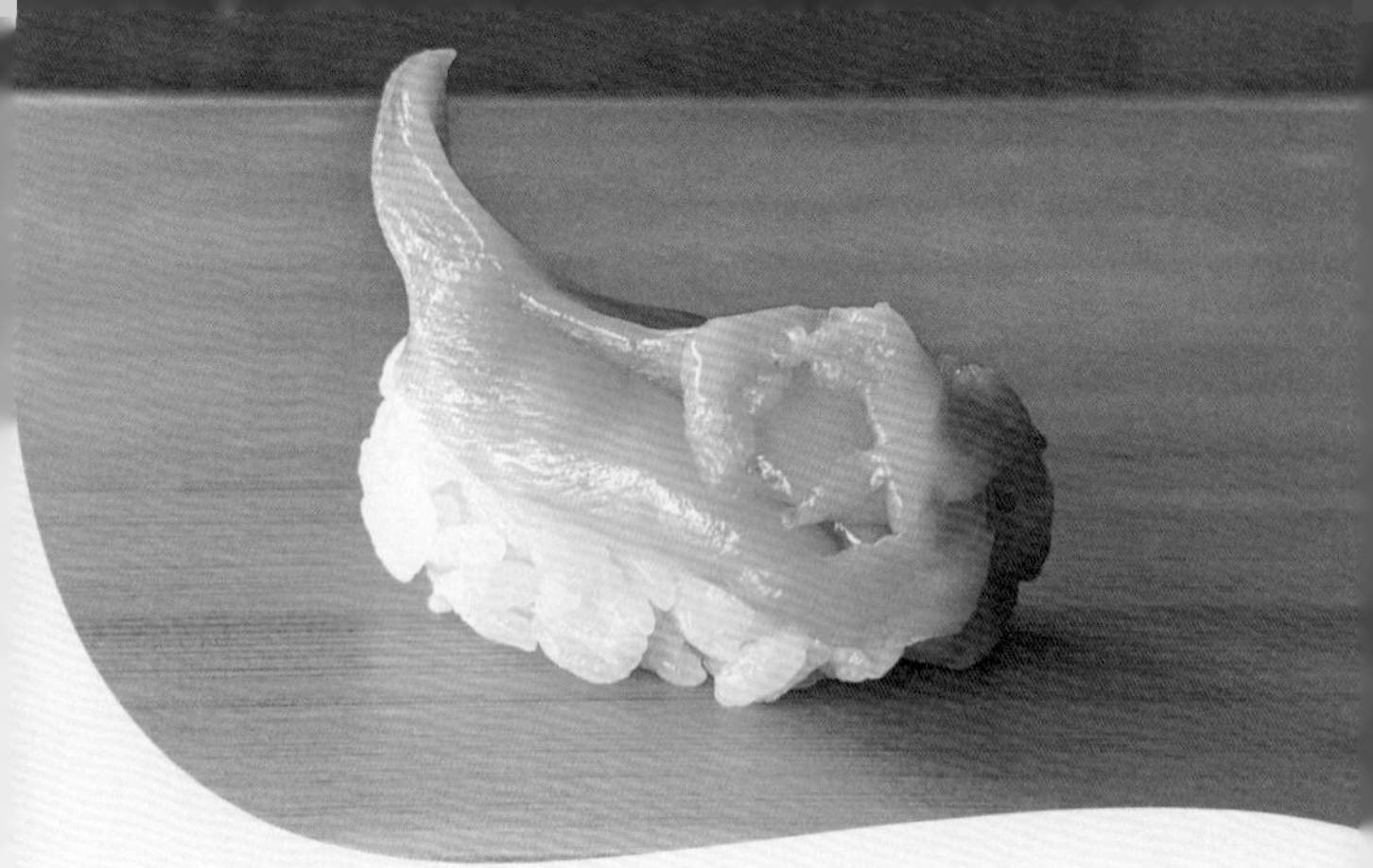

俺だけバカって呼ばないで

アオヤギ

アオヤギの食べ応えのある身の部分は、実は〝足〟。よく運動しているだけあって、鮮度がよいものは筋肉が締まって歯触りもプリプリです。

貝類の中でもアオヤギには独特な香りがあり、明確に好き嫌いが分かれます。ちなみに僕は、少し鮮度が落ちてきてプリプリ感が無くなり、香りがキツくなり出したくらいのアオヤギが本当は好きです。

軍艦巻きの小柱《こばしら》というすしもありますが、あれはアオヤギの貝柱を集めたもの。同じく独特の香りがほのかに漂い、食感もよく、根強いファンがいたりします。

標準和名	バカガイ
美味しいサイズ	殻長約8.5cm
美味しい時期の目安	冬〜春

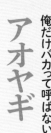

THE
NIMAIGAI

二枚貝の宿命？

バカガイと呼ばれる所以は、二枚貝の貝殻と貝殻の間からベロリと舌を出しているような姿がバカみたいだから、との説あり。

たしかにホタテなどはあまりベロリとしていませんが、アサリだってシジミだってハマグリだって、みんなベロリとしているのに、なんで俺だけ……と、バカガイが悔し涙を流していそうです。

並べると足っぽく見える？

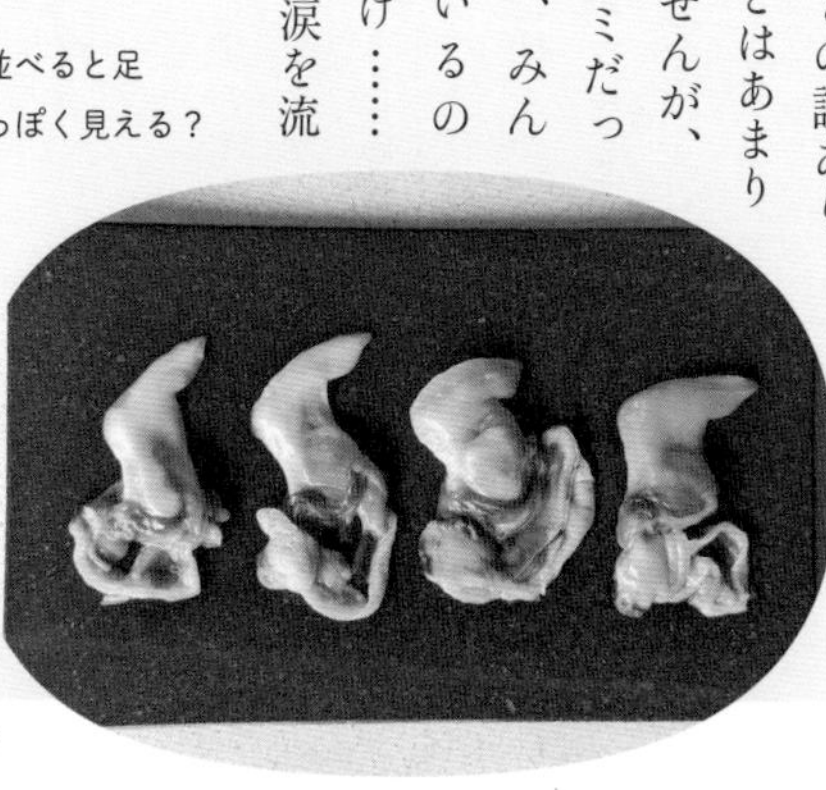

タイラガイ

過酷すぎる潜水漁の賜物

見た目からホタテに似たヤツだと思われますが、全くの別物。サクサクした歯切れのよい食感に、絶妙なうまみ。ほんのり火入れをすると甘みがグンとアップします。

すしダネのサイズに切りつける際、身にハリがありすぎてツルツルしてしまい、握りずしとしての一体感を出すことが困難です。そのため、細かく飾り包丁を入れてハリをなくし、酢飯にまとわせるように握るか、バンド状にした海苔で巻いて握るかになります。海苔との相性のよさもお墨付きで、タイラガイの素朴な甘さと、優しい磯の風味を引き立てます。

標準和名	タイラギ
美味しいサイズ	殻長25cm以上
美味しい時期の目安	冬〜春

髪のような部位で岩にくっつく

タイラガイの価値

すしダネになる貝にもいろいろあるため、イマイチ価値がわかりにくかったりしますが、タイラガイは高級すしダネと思っていただいて大丈夫です。理由はタイラギ漁の過酷さ。何時間にもおよぶ潜水漁で、海底の一枚一枚を大事に獲る光景を想像するだけでも、この価値に納得できますよね。

いそべ焼きも美味！

十人十色ずし

ハマグリ

ハマグリのすしといえば「煮ハマグリ」が定番。職人それぞれの下処理と味付けでハマグリが昇華され、奥行きのある味わいに仕上がります。60℃台の温度で30分ほど煮る人や、圧力鍋を使って高温で短時間煮る人、砂糖を使う人や、ハチミツで甘みをととのえる人。ハマグリにも大小があるので、大きさと噛みごたえを強調してみたり、小ささとやわらかさを表現してみたり。個体のよさを生かすのも職人の仕事です。

煮ハマグリには職人魂が強く込められていますので、こだわりを聞きながらじっくり、じっくり味わってください。

標準和名	ハマグリ
美味しいサイズ	殻長約6cm
美味しい時期の目安	春

一つ一つ異なる柄

ハマグリを守っていくために

資源保護の観点から、水揚げ可能なサイズや漁期などをしっかりと定め、慎重かつ丁寧に、大切に漁場が管理されています。

地域ごとに道具や漁法は異なりますが、いずれにしても「殻を割らないように獲ること」が鮮度を保つポイントです。殻が割れると弱ってしまうためです。

小さい個体は重ねて握っても

本ミル、白ミルは完全なる別種

ミルガイ

コリコリしているけれどやわらかく、独特の濃い甘みが酢飯に合うミルガイ。大きく分けて「本ミルガイ（標準和名：ミルクイ）」と「白ミルガイ（標準和名：ナミガイ）」の2種類がありますが、実はまったくの別種。見た目や構造こそ似ているものの、味や食感は異なります。

本ミルガイのミルキーな味わい（ダジャレではありません）は白ミルガイよりも濃厚。どちらもすしダネとして上等ですが、本ミルガイのほうが希少で高価です。

標準和名	ミルクイ／ナミガイ
美味しいサイズ	どちらも殻長約15cm
美味しい時期の目安	冬〜春

これは
「本ミル」

干してうまみを凝縮しても

海底の砂地に生息し、漁師の方々が潜水漁で一つ一つ獲る大変貴重な貝です。貝としての味がそもそも濃い種類ではありますが、半日ほど陰干しするとほどよく水分が飛び、うまみが凝縮されます。コリコリした生の甘さを楽しむよさ、干物のムギュッとしたうまみを噛み締めるよさ、どちらも魅力的で選べません。

こっちが
「白ミル」

ツブガイ

貝汁じゅわ〜。

ツブガイと聞くと「あ〜、あの貝ね」と良くも悪くもなんとなく知られているのは、たくさんのツブの仲間が世に流通しているからでしょう。

刺身にしてもすしにしても、コリコリとした食感が魅力ですが、加熱してやわらかくした状態もまた美味しいものです。噛みしめるほどにじゅわりと出てくる貝汁を、酢飯と噛み混ぜていただくと、ツブの甘みとうまみを強く感じることができます。

ツブの中でも有名なのは「エゾボラ」や「エゾボラモドキ」。さまざまなツブを食べ比べて違いを感じてみてください！

標準和名	エゾボラ、エゾボラモドキ
美味しいサイズ	殻高15cm以上
美味しい時期の目安	通年

これはエゾボラ

ユニークな巻き貝

数あるツブの中で、「エゾボラ」はもっとも大きく育つ種類です。最大の特徴は殻がゴツゴツしていて、縦にヒレ状の突起がたくさん付いていること。

「ツブカゴ」というものにエサを入れ、海に沈めて貝が入るのを待ちます。

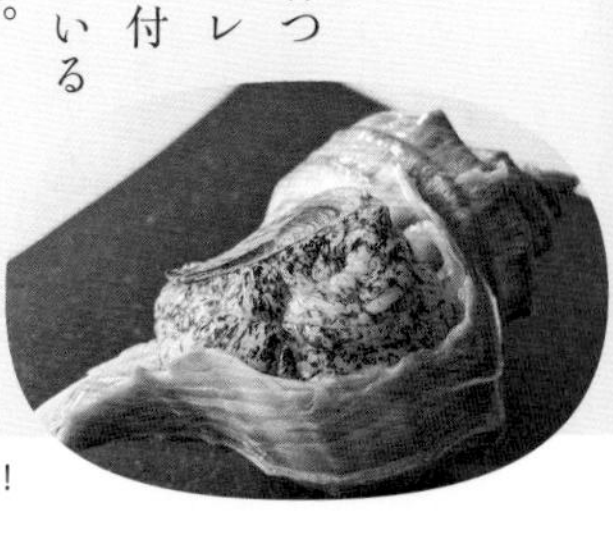

殻の中から姿を現した瞬間！

サザエ

健康年齢バロメーター

ゴリゴリに硬くなったサザエと、己の歯やアゴで勝負！　身を噛みつぶし、じゅわりとうまみが口に広がる幸福感たるや。火を通してやわらかくすることもできますが、この先、年を取って歯やアゴが弱くなり、サザエに負ける日がくると思うと、今はできる限りゴリゴリのサザエが食べたい。

刺身は薄造りが多いですが、僕は軽く洗ってまるごとかじる派。スライスすると逆にサザエが細胞をギュッと引き締めて硬くなります。すしにするならマダコ同様セパレートタイプで、サザエを先に口の中へ。

標準和名	サザエ
美味しいサイズ	殻高10cm以上
美味しい時期の目安	通年

トゲの有無は
産地による

巻き貝の日本代表

日本の巻き貝の中でも漁獲量が多く、ポピュラーなサザエ。浅海の岩礁域に生息しており、岩などに張り付く筋肉質の〝足〟の部分が身です。うずを巻いている内臓部分の先端が乳白色なのがオス、深緑色なのがメス。オスはクリーミーな甘み、メスはパンチの効いた苦味があります。

醤油漬けの肝と
サザエのみそ漬ずし

ふわっふわのアワビ、とは!?

アワビ

生だとコリコリ、蒸すとモッチリ、やわらかく煮ればしっとりと、アワビのすしにはいろいろな美味しさがあります。

もっとも衝撃的だったのは「おろし金でアワビをすりおろして食べる」すし（左ページ下の写真）！　すし職人のバイブル漫画、『将太の寿司』（寺沢大介著、講談社）に登場したこのすしを再現させていただく機会があり、作者の寺沢先生も召し上がって、唸ってくださったほど。１００％のアワビ味に少し肝醤油を忍ばせたりしたら、もうたまりません。あっという間に酢飯と混ざり合って一体化する、斬新なすしです。

標準和名	クロアワビなど
美味しいサイズ	殻長15cm以上
美味しい時期の目安	通年

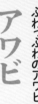

左端辺りに
口がある

プロの経験が物を言うアワビ漁

アワビを獲るのは、本当に難しい。素潜りしてもサザエのようには簡単に見つからず、また、サザエのようには簡単に獲れず。いざ海に潜ってみれば、アワビの価値を痛感するはずです。そもそも、漁業権がなければ獲ることすらできませんからね。

すりおろした
アワビのすし

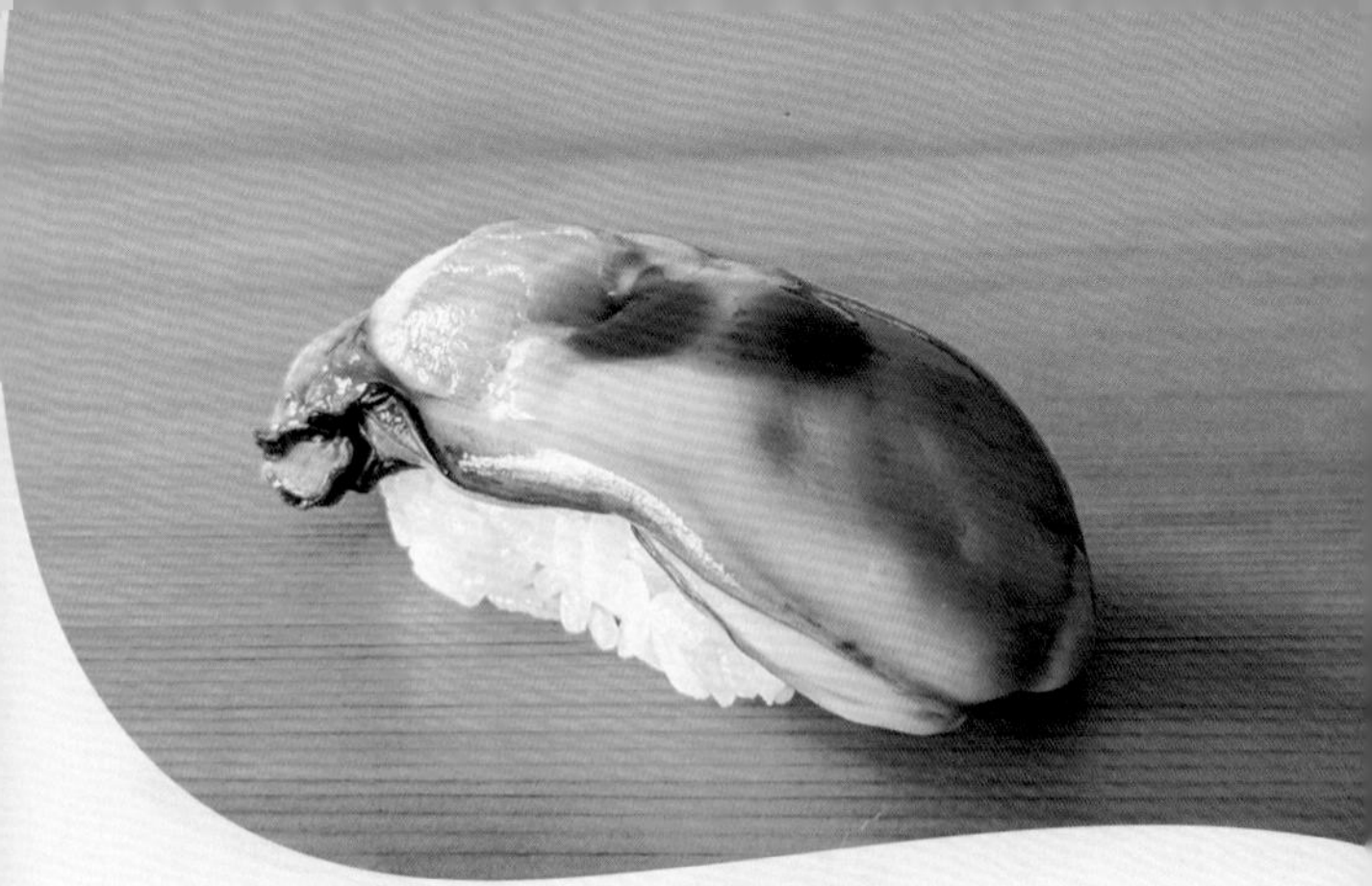

超濃厚ミルキー磯爆弾

イワガキ

カキをすしにして美味しいのか？　と思う方もいますよね。これが、美味しいんですよ。さまざまな調味料との相性もよく、組み合わせにより仕上がりは七変化。ミルキーな磯のうまみと酢飯がよく合うんですが、これはカキ全般の話。イワガキはさらに上をいく〝超濃厚ミルキー磯爆弾〟。酢飯のみでは圧倒されてしまい、すしにする意味がなくなります。酢飯に覆いかぶさるほど大きなイワガキのすしには、「ごく少量のタバスコ」を。辛味と酸味でイワガキのインパクトが絶妙に抑えられ、そのまま食べるよりも「うっま！」となります。

標準和名	イワガキ
美味しいサイズ	殻高約20cm
美味しい時期の目安	夏

マガキ（左）、
イワガキ（右）

大きいけれど味もよい

深場まで素潜りをして獲るイワガキは、マガキなどほかのカキと比べると、圧倒的にサイズが大きいです。その大きさはというと、一口では食べきれないくらい。ただし大きいからといって大味になるわけではなく、どこからかぶりついても最高に美味しいです。

マガキのすし（左）、
イワガキのすし（右）

6 エビ・カニ

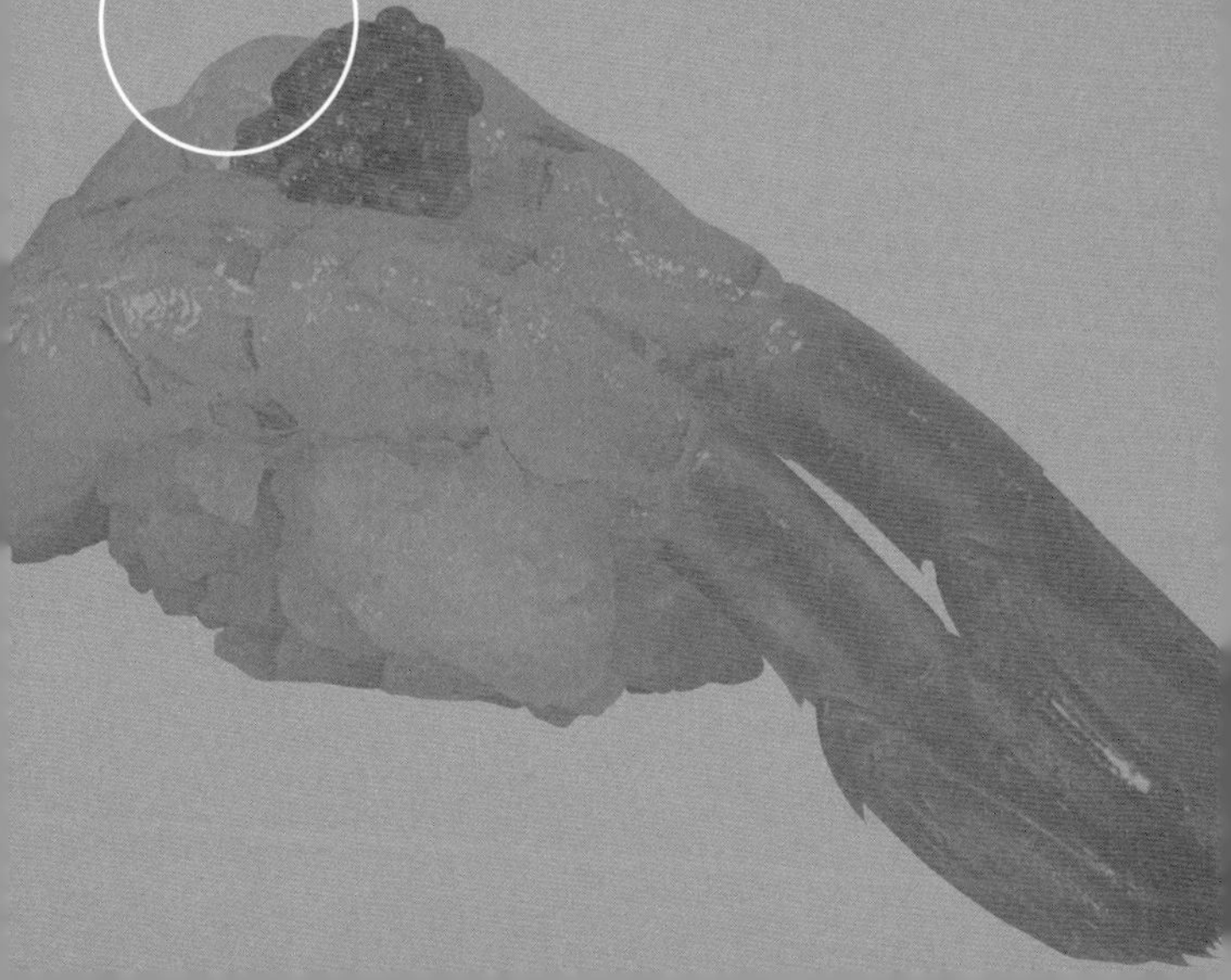

パーフェクトシュリンプ

クルマエビ

握りずしの中でも圧倒的に華やかで、飛びぬけた存在感を放つ、紅白模様がくっきりと美しいクルマエビ。見た目を裏切らないどころか、想像以上にエビ味《あじ》が濃厚で、食感はプリプリ。甘みも強く、ツッコミどころが見当たりません。適切な温度と時間で茹でれば、旨甘い身が酢飯と合わさり、芸術的なすしが完成します。

ちなみに名前の由来は丸まったときに車輪に似ているから。って、それならバイクエビや自転車エビもありえたのかな……。

標準和名	クルマエビ
美味しいサイズ	体長約20cm
美味しい時期の目安	通年

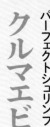

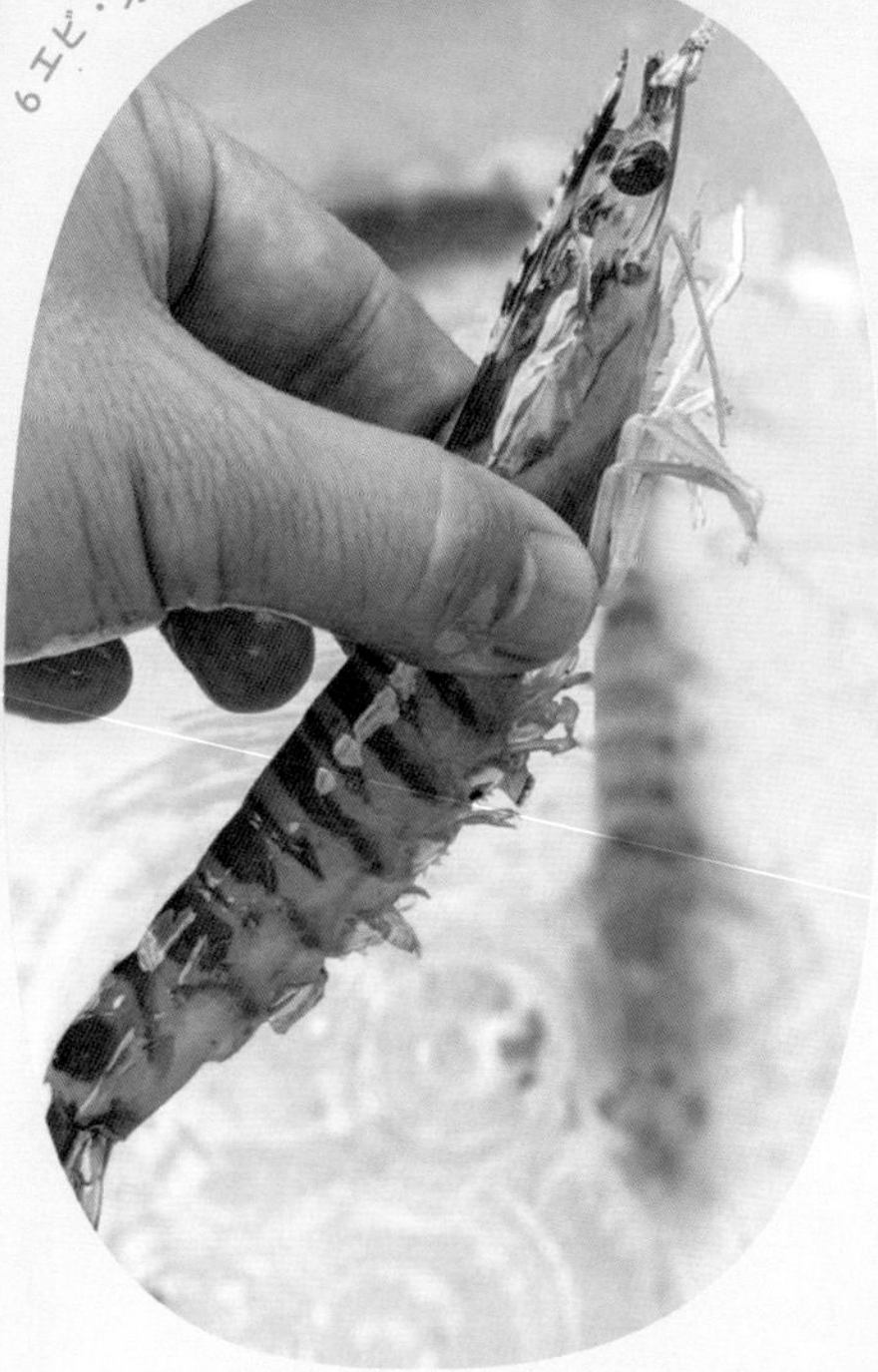

茹でて赤くなる前の姿

持久力もある優等生

クルマエビは生きたまま流通することが多く、驚かされるのは、海水なしでも生きられるその生命力。おがくずでサンドするようにきれいに並べ、ぎっしりと詰めることでクルマエビが落ち着き、暴れずに数日間生きたまま、市場まで運ばれます。天然ものは大変希少なため、養殖エビに支えられています。

生クルマエビのすし

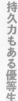

シャコ

唯一無二の味をご堪能あれ！

エビやカニと同じ甲殻類ですが、どちらとも違う奥行きのある味わいと、奥ゆかしさすら感じる香りをあわせ持った「シャコ味」。甘いタレで供されることが多いですが、塩茹でのみのシャコですしを握ると、特有の味がぐんと引き立ちます。

よく、子どもたちからの質問で「別に酢飯じゃなく、ごはんとお刺身で食べても美味しいんじゃないですか？」と。もちろん美味しいのですが、すし職人としてこれだけは言わせてください！　シャコに限らず魚介類は酢飯と食べることで、美味しいを超えた美味しいに辿り着くということを。

標準和名	シャコ
美味しいサイズ	体長15cm以上
美味しい時期の目安	春（子持ち）、秋

勇ましすぎる外見

シャコの質は茹で具合で決まる

海の中の通り道に網を仕掛ける「刺し網漁」などで、網にかかったものを水揚げすることが多いシャコですが、実は釣ることもできます（僕が今後挑戦したい釣りの一つ）。

生きている間は体内が透けるほどの透明感があり、その後の茹で方で品質が決まります。

巻き物（左は子持ち）

時間が経つと甘くなる!?

アマエビ

通称「アマエビ」と呼ばれるように、甘みが特徴的です。

エビには、グリシンなどの甘みを感じる成分が多く含まれていることに加え、死ぬと消化酵素の働きで自分の体を消化し、うまみ成分が増すと言われています。アマエビの場合、独特の〝とろみ〟も甘みを強く感じさせる要因のようです。

すしになって酢飯の酸味と塩味が加わると、さらに甘みが強調されます。すしに使わなかった頭部を活用した味噌汁も、嬉しい定番メニューですね。

標準和名	ホッコクアカエビなど
美味しいサイズ	体長12cm以上
美味しい時期の目安	通年（特によい時期は地域差あり）

生きた個体は
身が透けている

焦らず、ベストなタイミングで

エサを入れたカゴを海に沈める「エビカゴ漁」や、広範囲に網を引きずって大量に獲る「底びき網漁」などで獲ります。

アマエビの殻をむいたことはありますか？　実は新鮮すぎるとうまくむけないため、産地の方々はあえて一日ほど置いて食べたりします。なんでも鮮度がよければいいってわけでもないんですね。

青緑色の卵と
ともに

ボタンエビ1本＝アマエビ5本分!?

ボタンエビ

たとえるならアマエビを5本同時に口に入れたような、口の中いっぱいに広がる甘み。すしにしてほんのり醤油を垂らそうものなら、ボタンエビの甘さとうまみがはね上がり、とろけていきます。鮮度抜群の活きているものなら、プリプリ感を満喫してから、押し寄せてくる優しい甘みを楽しみます。活きていないものなら、艶めかしいほどのねっとり感を堪能し、濃厚な甘みを酢飯とともにコクリと飲み込み、その後もなお余韻の甘さを楽しんでみてください。

ボタンエビとして流通しているエビには、下記の2種がいます。

標準和名	ボタンエビ／トヤマエビ
美味しいサイズ	体長17cm以上
美味しい時期の目安	通年（ほぼ冷凍流通のため）

角が折れてる
写真で
ごめんなさい

生ボタンエビに出合えたら幸運

「エビカゴ漁」などで漁獲されるボタンエビですが、資源保護の観点から年に数回しかまとまった漁が行われないため、今となっては出合えたら幸運です。

ノコギリ状の頭のトゲに注意しつつ、しっぽに向けて引っ張るように持ち上げると、ヘルメットのようにパカッと頭の殻を取ることができます。

こちらは
標準和名
「ボタンエビ」

シマエビ・フルーツパフェ!?

シマエビ

アマエビによく似た形に、くっきりとしたシマシマ模様のビジュアル。

このシマエビは、とにかく甘い！「スイーツ」というと大げさかもしれませんが、捉え方をちょっと変えればスイーツになりうるほどの強い甘さを舌に感じます。試しにハチミツやフルーツと一緒に食べてみると!? なんと、アリ。アリです。……でも、やっぱりそこは酢飯&微量の醤油で、シマエビ自体の甘さを引き立てる、すしが一番いいですね。透き通った身に感動し、そして甘みに感動してください。

標準和名	モロトゲアカエビ
美味しいサイズ	体長12cm以上
美味しい時期の目安	夏〜秋

赤白の縦シマデザイン

生きた状態でも手に入る!?

透明に映える赤と白の模様は、見ているだけで食欲を掻き立てられます。

おもに日本海沿岸や北海道で水揚げされるシマエビは、まれに生きた状態で流通することもあります。見つけたらスーパーラッキー！　ちなみに、「船内凍結」を行ったハイクオリティなものも販売されています。

エビの種類によって卵は色とりどり

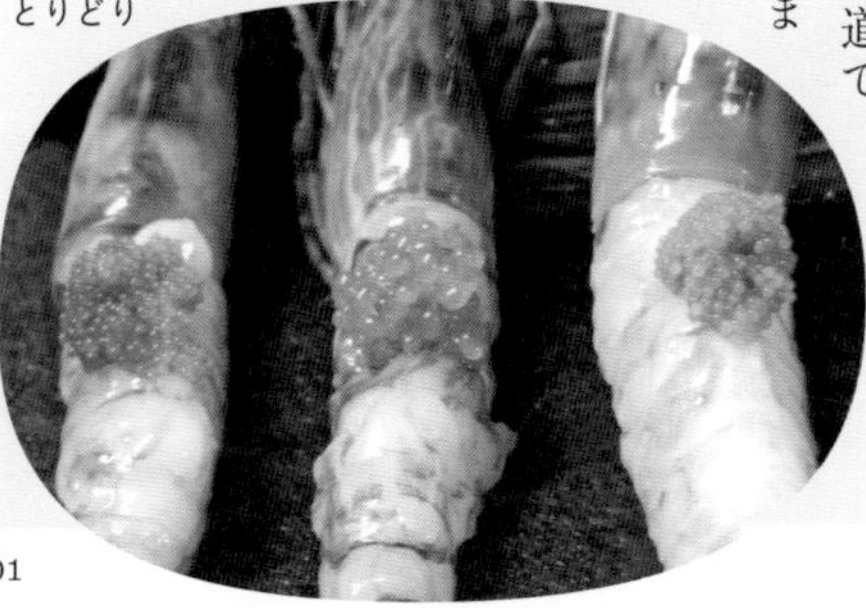

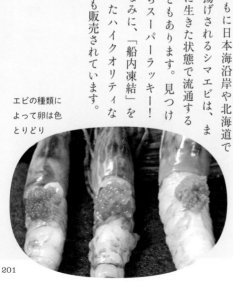

サクラエビ

桜・秋桜《コスモス》爛漫じゃ

丸ごと、かつ殻ごと生で食べられるエビは意外に少ないものです。

サクラエビは生でよし、茹でてよし、干してよし、揚げてよし。すしで食べるならやっぱり生！　と言いつつも、釜揚げサクラエビのふっくらとした食感に、ふわり優しくエビ香るすしも、揚げたサクラエビを手巻きにして食べる香ばしいすしも、どれもこれも捨てがたい。生サクラエビに感じる甘みだけでなく、加熱することでほとばしるサクラエビ香《こう》も大変魅惑的で、いろいろな顔のサクラエビを知りたくなってしまいます。今年も、また出合えるかな。

標準和名	サクラエビ
美味しいサイズ	体長約4cm
美味しい時期の目安	春、秋

桜色だから
サクラエビ（生）

資源管理しながら漁獲する

春と秋に静岡県で行われるサクラエビ漁は、2隻一組になって網をひく「2艘《そう》船びき漁法」で漁獲されます。1966年からは全国でも珍しい「プール制」で水揚げ金額を均等に分配し、資源を管理するとともに漁船間の競争をなくすことで、大きな単価変動がないしくみになっています。

香り高い干し
サクラエビ

シロエビ

エビ・クリスタル

海から上がった直後は白どころか、クリスタルのような透明感。

クルマエビ、サクラエビなど人気者が多いエビ類ですが、シロエビのすしは異なる見方が必要です。大きいエビはサッと殻をむいて、小さいサクラエビは殻ごと使用して、両者ともすしにするのは簡単。しかしシロエビはどちらでもなく、生をすしにするなら一匹ずつ殻をむきます。7月に富山へ伺った際、やっとの思いでむき終えた30匹も、食べるのは一瞬。シロエビの価値は、美味しさにかかった時間をプラスして、噛み締めるべきだとわかりました。

標準和名	シラエビ
美味しいサイズ	体長約7cm
美味しい時期の目安	春～秋

ほぼ原寸大

「プール制」で漁場を保つ

富山湾のシロエビ漁は、小型底びき網漁の一つ「かけまわし漁法」で行います。「プール制」（203ページ）で、漁の期間は2班に分かれて1日おきに操業し、全体の水揚げ量を調整しつつ水揚げ金額はプールし、各船に均等に分配。過度な競争を抑え、資源を最優先に考えて、技術もシェアする考え方です。

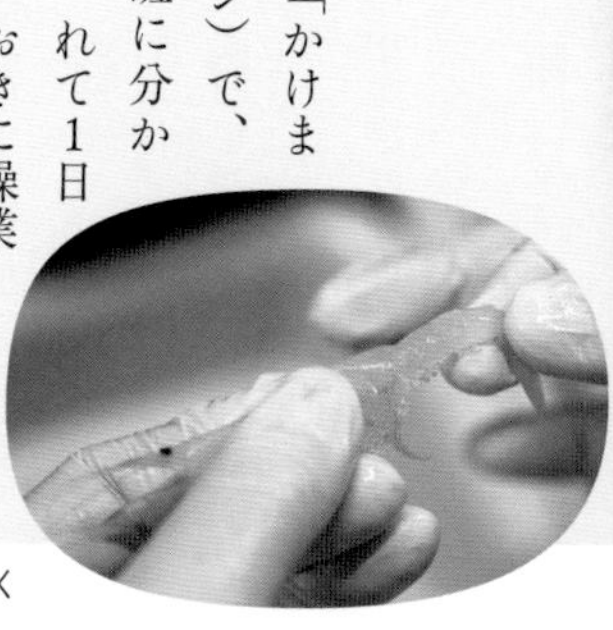

一尾ずつ殻をむく

ズワイガニ

——で、一体、何ガニなの？

高級なカニとして各地でブランディングされ、さまざまな呼び名を持つ人気者です。有名どころだけでも「松葉《まつば》ガニ（山陰地方／京都、兵庫、鳥取、島根）」、「加能《かのう》ガニ（石川県）」、「越前《えちぜん》ガニ（福井県）」があります。すべてズワイガニのことですが、地域ごとに漁法や下処理、茹で方、加工の違いがあり、それが売りになっています。

ズワイガニはカニの中でも濃厚でジューシー。歯触りがよく、プリプリというよりもしっとりジュワッと、口の中を幸せ空間にしてくれます。

標準和名	ズワイガニ
美味しいサイズ	甲幅オス約15cm、メス約8cm
美味しい時期の目安	秋～冬

甲が小さめで
足が長い

メスにもさまざまな呼び名が⁉

ズワイガニ属の仲間は5種類ほどが知られていますが、一般に流通するのは「ズワイガニ」「オオズワイガニ」「ベニズワイガニ」の3種類です。

オスとメスでは特徴や呼び方が異なり、どちらも人気。メスは地域によって「香箱《こうばこ》ガニ」、「セイコガニ」、「コッペガニ」、「親ガニ」などと呼ばれます。

卵と身を
贅沢に！

料理人も冷や汗⁉

ケガニ

全体が毛に覆われているので「ケガニ」です。身もミソもツッコミどころがないほどの美味しさで、長年のコアなファンがたくさんいます。

すしにするとほどよい酸味と塩味が加わり、ケガニの甘みは最高潮に！

海苔で軍艦巻きにすることが多いですが、ケガニ本来の味を堪能するにはシンプルに「酢飯のみ」で食べることをおすすめします。ほとんど味付けが不要なくらい素材自体の味が完成しているので、料理人の出る幕が……。

標準和名	ケガニ
美味しいサイズ	甲幅約15cm
美味しい時期の目安	春〜夏

フサフサの毛
が名前の由来

春夏の濃厚なごちそう

エサを入れたカゴを海底に沈める「カニカゴ漁」などで漁獲されます。冬に美味しいイメージですが、実はケガニの旬は春から夏です。ちなみに「カニミソ」は、いわゆる脳みそではありません。甲羅の中央付近に栄養の吸収や貯蔵を行う「中腸腺」という場所があり、ここがカニミソと呼ばれます。

カニミソをたっぷり
のせたすし

ハナサキガニ

可食部、多っ!

ハナサキガニは日本全国どこにでも流通しているわけではありませんが、おもに水揚げされる北海道では比較的、食べる機会が作りやすいと思います。「タラバガニ」と同じく、カニという名が付きますが、実はヤドカリの仲間です。

大きな体は期待を裏切らず、太い足やハサミにまで身がギッシリと詰まっており、食べ応え抜群。噛みごたえもなんとも幸せ食感です。口に入れて身を噛みほぐしていくと、じんわりとカニ汁が溢れ出てきて、酢飯と絡み合います。思わず「リピ確定!」と口にしてしまうはず。

標準和名	ハナサキガニ
美味しいサイズ	甲幅約20cm
美味しい時期の目安	夏〜秋

茶褐色の生きた状態

明るく咲く美味しいカニ

生きている状態では茶褐色をしているハナサキガニ。蒸すと、まさに花が咲いたように真っ赤になって、体全体のトゲもくっきり見えます。

不用意に触ろうもんならあっさり手にトゲが刺さります。どこを持ってもトゲトゲですが、そ〜っと持てば大丈夫。

蒸せばパッと華やかに色付く

コラム2

エビのしっぽ問題

エビの天ぷらやエビフライでたびたび話題に上るのが、「エビのしっぽを食べる派？　食べない派？」という二択の問いです。

僕的にはエビのしっぽは食べる派です。純粋に美味しいと思うからです。

さて、エビのすし。

よくある食べ方は、エビの身と酢飯をパクッと口に入れたあと、しっぽを上手に手でつまみ取り、すしゲタや醤油小皿の隅にちょこんと置きます。

エビフライのように、揚げたエビのしっぽのサクサク、カリカリした食感とは違い、ボイルしたエビのしっぽはちょっとギシギシ。身のプリプリ感と、そこに絡まる酢飯のしっとりした魅惑の食感の前では、どうしても人気がありません。

しかし、個人的には、ボイルエビのしっぽも食べる派です。ただし前述の美味しいからという理由ではなく、「もったいないから」「そこも含めてエビの味だから」など、生き物だったエビに対しての気持ちを含む行為のようにも思います。

ここまでは、食べる側としてのお話でした。今度は、すし職人目線でエビのしっぽ問題を見ていきましょう。エビにもいろいろ種類がありますが、ここではすし屋が仕込む「クルマエビ」を例にとってみます。

お客様にエビの握りずしを提供するとき、職人の間でも、しっぽを取る派、取らない派に分かれます。

しっぽを取る理由としては、第一におもてなしの気持ちから。

丸ごとパクッと食べられるのが握りずしのよさであり、お客様がしっぽを取るという所作が、すしを食す姿としてあまり美しくないという意見もあるため、あらかじめしっぽを取って提供すべきだ！　という考え方です。

一方、しっぽを取らない理由としては、お客様がエビのしっぽを取る所作は普通のことであり、美しくないとは思わない。また、クルマエビの見どころの一つである「しっぽの鮮やかな色とデザイン」をお客様にも楽しんでいただきたい。しっぽまで含めて、エビの形を見せることがエビの握りずしの気品ある姿だ！

……と、どちらにも言い分があります。どちらでもないという職人さんも、もちろんいらっしゃるでしょう。

この先も続くであろうエビのしっぽ論争ですが、つくづく考えると、そんな贅沢な悩みをずっと続けられる世界であることを願うばかりです。

そういえば、茹でて赤くなる前の生のクルマエビのしっぽもまた美しいものです。赤褐色の部分から先端にかけて黄、青と移り変わり、そのふちに赤色の毛が生えた、鮮やかなデザインで彩られています。

お客様に目でも楽しんでいただけるよう、エビの握りずしを提供する際には「しっぽは召し上がりますか？」と、〝しっぽ選びタイム〟を設けるのが究極のおもてなしかもしれませんね。

ちなみに、しっぽなしを希望のお客様には外して握るものの、すしの横にそっとしっぽを置き、どうしてもその美しさだけは見ていただきたい！

……という気持ちになってしまうのが僕のスタイルです。

しっぽありのクルマエビのすし

7 長物

Happy Smile Maker

マアナゴ

マアナゴは大好物のすしダネの一つ。というのは僕だけの話ではなく、実は子どもにもアナゴ好きが多いんです。小骨は大丈夫かな？　などと大人は勝手に心配してしまいますが、ふわふわでやわらかな身と甘いタレ、それらを引き立てる酢飯のうまっぱさ。冷えた状態でも十分美味しいですが、あたたかい最適な温度で口に入れたときの表情たるや。

これまで何万本とマアナゴを開き、煮て、握ってきた僕ですが、すしの最後に煮アナゴをお出しし、何度となくその最高の笑顔に元気をいただいたことは一生の宝物です。

標準和名	マアナゴ
美味しいサイズ	約50cm
美味しい時期の目安	通年（特に夏）

頭付近は
締めた跡です

マアナゴは生で食べられる？

釣り上げたときにニョロニョロ動く姿からは想像できないほど、格別の美味しさが詰まった〝超上白身〟。アナゴ類は血液に弱いたんぱく毒があるものの、しっかりと処理すれば、実は生でも食べられます。ヒラメのエンガワに似た食感と、じゅわじゅわ溢れる脂。煮てもあれだけ美味しいわけですから、生の状態もインパクト大です。

生アナゴの
握り

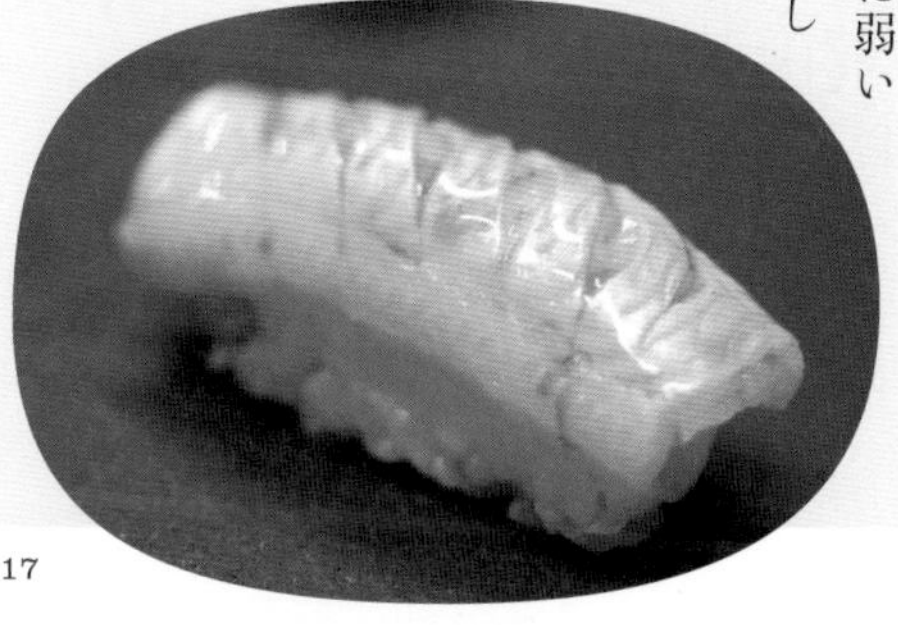

ウナギ

ウナギ派？　アナゴ派？

言わずと知れた大人気食材。定番メニューの「うな重」も十分美味しいのに、すしにする必要があるのか!?　なんて否定的なことを言うつもりはありませんが、すしにするなら僕は正直、断然アナゴ派。

ウナギとアナゴは全く違う生き物なので、同じ土俵で話すのも変なわけですが、ウナギとタレのうまみというのは、酢飯の美味しさをかき消してしまうほど濃厚だからです。アナゴだって濃厚では？　と思うかもしれませんが、ウナギのそれは別格。

……とはいうものの、ウナギのすしがあったら必ず注文しますけどね（笑）。

標準和名	ニホンウナギなど
美味しいサイズ	60cm以上
美味しい時期の目安	通年

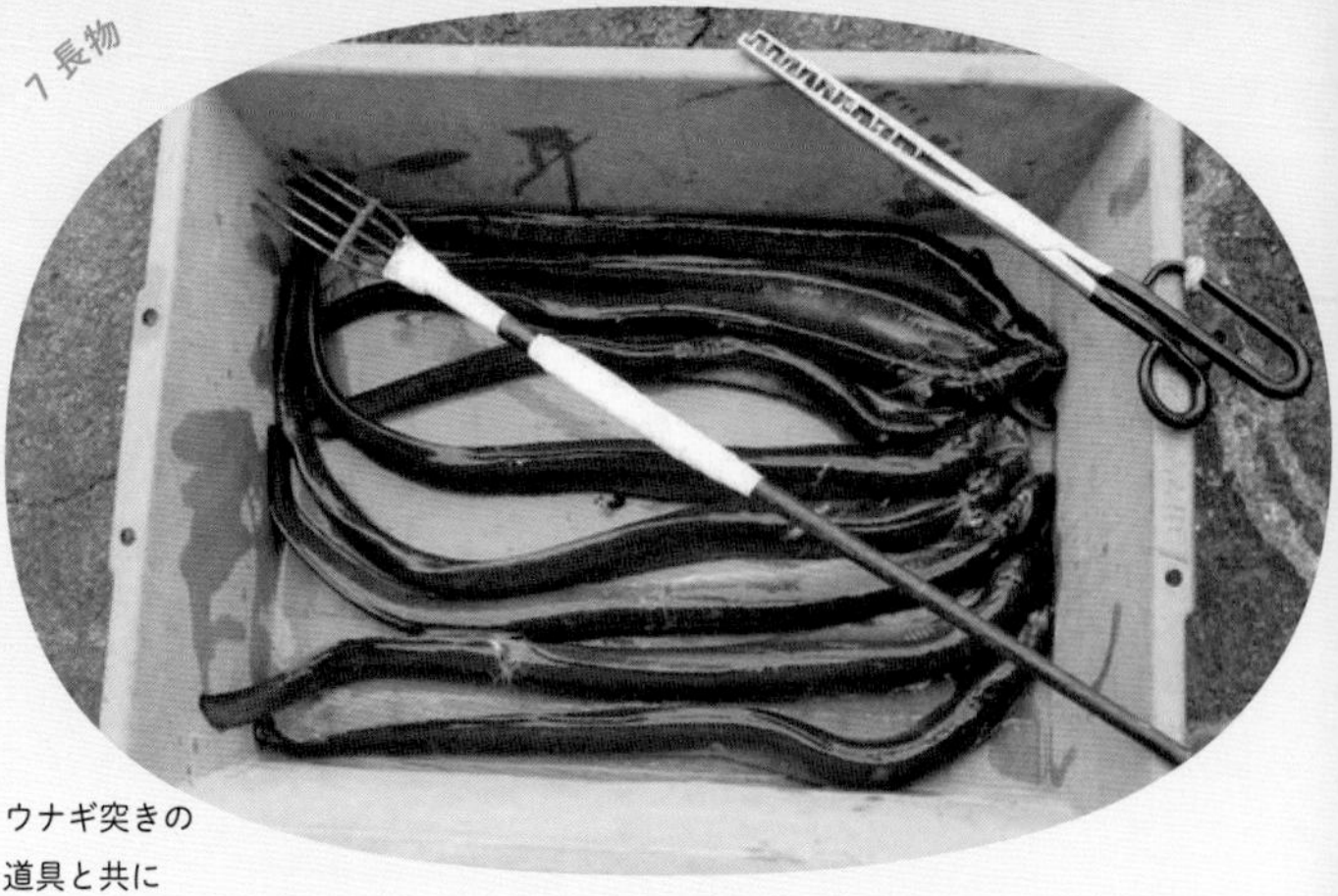

ウナギ突きの
道具と共に

出合うなら夜釣りで

ウナギは成魚になるころ海から川へと入り、岩陰などに棲んでいます。夜行性のため、ヘッドライトをつけて沢に入り、頭を銛でひと突き！　という漁の方法もあれば、ミミズやエビなどの生きたエサで釣ることもあります。一般に流通しているウナギのほとんどは養鰻場で育てられたものですが、文句なく美味しいですよね。

貴重な天然
ウナギの表情

大人の世界へようこそ
ハモ

「ハモがうまい！」そう思えたなら大人の証。大人っていつからだよ？　なんてことは聞かないでください。

丁寧に骨切りをし、適度な温度で、噛み切れる程度に皮へ熱を入れたハモ。さて、何味で食べましょう？

ハモの美味しさをダイレクトに感じたい、となると塩を選びがちですが、王道とされる「梅」との相性はやはり秀逸。梅肉でも、梅酢でもＯＫ！　梅にしか表現できない豊かな塩味が、〝ハモのうまみ引き出し調味料〟としてダントツ1位だと納得できます。

標準和名	ハモ
美味しいサイズ	80cm以上
美味しい時期の目安	秋〜冬

今にも噛み
つかれそう！

鋭い牙で獲物に食いつく

口を開けたハモの牙を見れば、その凶暴さがうかがえます。生き抜くために進化したとはいえ、この牙と形状は強すぎますって！

梅以外の調味料と合わせるなら、「ぬた（酢みそ）」がおすすめ。特に葉にんにくを加えて作ると、酸味と香り、そして色が抜群のアクセントになります。

葉にんにくの
ぬたをのせて

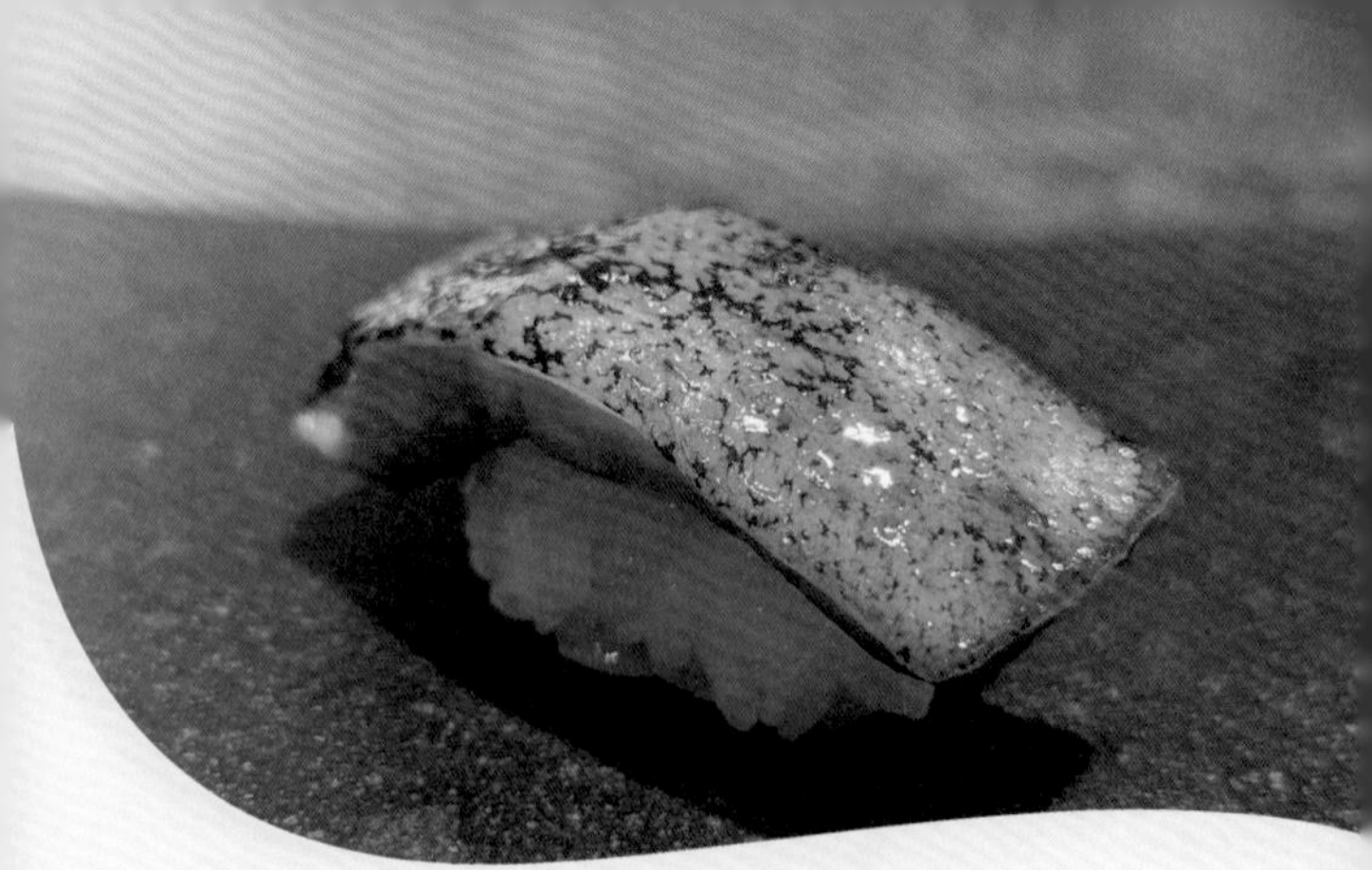

Welcome to ウツボワールド！

ウツボ

「ウツボって、食べられるんですか？」けっこう聞かれる質問ですが、その身はふっくら、皮はもっちり&とろり、調理の仕方によってはパリパリになって美味しいんです。

ちょっとの油で炒めて、醤油とみりんのみで味付けすれば、ウツボの照り焼きの完成。アツアツをすしにして食べると、アナゴでもなくウナギでもない、ウツボワールドがあなたを待っています。とにかく分厚い皮が特徴的で、その食感を一度味わえば、虜になってしまうかもしれませんよ。

標準和名	ウツボ
美味しいサイズ	1m以上
美味しい時期の目安	通年

全体が黄色のまだら模様

噛まれる恐怖に打ち勝てば味わえる

大きな口に鋭い歯の肉食魚で、海の中で出合うとドキッとしますが、人間側から仕掛けなければ基本的に噛みついてきません。でも、釣るとなると激しく戦う必要があります。エサに噛みつき、釣り針を丸呑み。ものすごい力で巣穴へ戻ろうとします。とにかく引っ張る力が強いので、諦めないことと、釣り上げ後の扱いに要注意です。

想像以上に大きく開く口！

8 魚卵・ウニなど

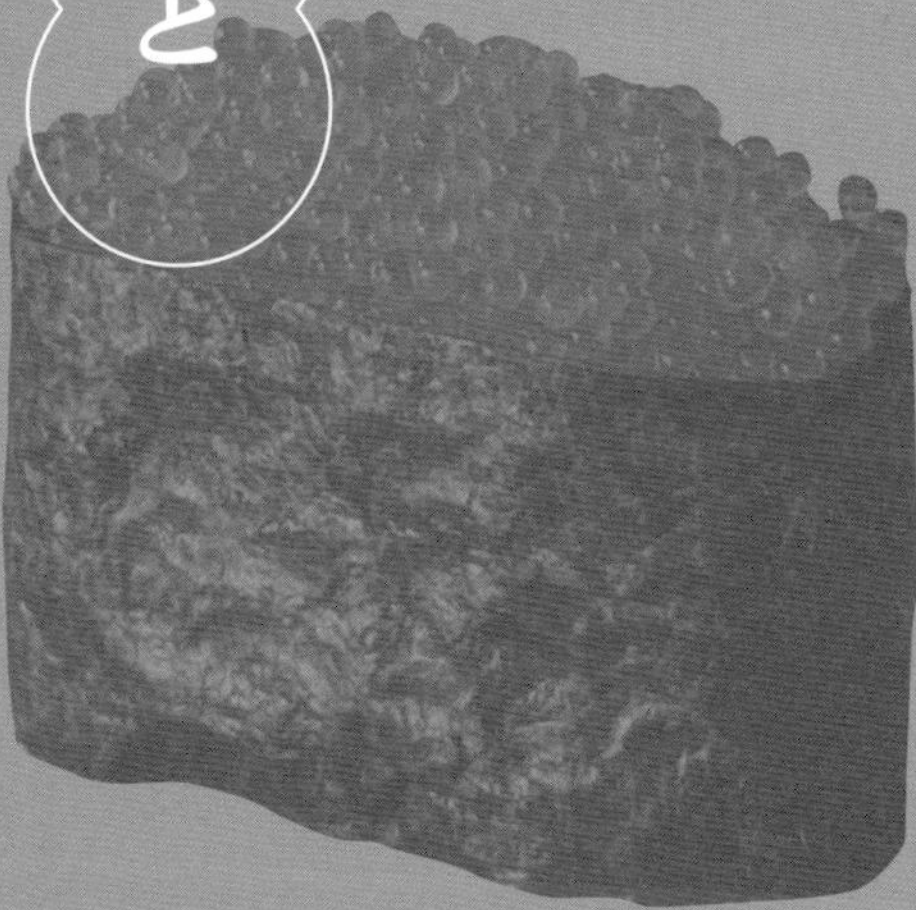

例文：あの人は、イクラのような人だ。

イクラ

魚卵界のトップに君臨し続けるすしダネ。親であるサケも人気者で、新潟県村上市ではエラや内臓まで食べる文化があります。そんなサケの中でもイクラは特別な存在。宝石のようにきれいで、一粒一粒かわいい見た目、味がよくて食感も楽しいとなれば人気者になるわけです。かっこよくて、頭がよくて、優しくて、気が利いて、運動神経抜群な人がモテるのと同じか……！

すしにするなら薄塩だけで味をととのえ、イクラそのものを楽しめるようにする方法と、醤油やかつおだしなどを加えて素材以上の味を作り出す方法があります。

標準和名	―
美味しいサイズ	―
美味しい時期の目安	秋

サケの腹からたっぷりのイクラ

ハリツヤのよいものを

イクラの鮮度を表すバロメーターは、ハリとツヤ、プリンプリン感。ただし産卵直前のイクラは皮が硬いので、それよりもほんの数日前のものがおすすめ。皮が厚く、ブリンブリンになってしまった卵は「ピンポン玉」と呼ばれ、一粒持ち上げてテーブルに落とすと、割れずに跳ね上がるほど弾力があり、皮が口に残りやすいです。

こちらはすじこの握りずし

トビコ

世界を飛び回るトビコ!

魚卵ファンを長年魅了し続けるトビコの正体は、「トビウオ類(トビウオ科)の卵」です。トビコ好きの方に話を伺うと、味わいだけでなく、細かい粒が口の中で躍る楽しい食感が人気の秘密のようです。同じ魚卵であるイクラの直径は4~6㎜ほどなのに対し、トビコは1~2㎜ほど。日本のすし屋でポピュラーな軍艦巻きだけでなく、カリフォルニアロールなど裏巻きのすし(海苔を内側に巻き込んだすし)に使用されるなど、すしで食される機会が多く、老若男女を問わず国内外、世界中で人気のネタとして輝いています。

標準和名	―
美味しいサイズ	―
美味しい時期の目安	通年(加工品であることが多いため)

トビコの親、
トビウオ類

海から飛び出し、逃げ回る

沖釣りをするため船で移動していると、船に驚いて飛び出すトビウオの姿を見かけたり、マグロ類やヒラマサ、シイラなどの天敵から逃げて飛び回るシーンを目撃することがあります。

ほとんどが網漁ですが、一方で「トビウオすくい」という飛ぶ前のトビウオ類を水中ですくい上げて獲る漁法もあります。

「トビウオすくい」
の一コマ

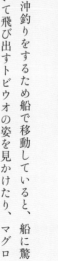

カズノコ

「音」を食べるべし!

ニシンの卵であるカズノコは食感が独特で、五感で楽しむ「食」の中でも〝音を食べる系〟の食材です。カズノコそのものにうまみがあるので、かつおぶしに頼ったりせず、塩気のみで食べるのが一番です。

その一方、すしとの相性はというと、米との食感が違いすぎて、なかなかすし化(一体化)してくれません。だからといって、すぐ飲み込んではもったいない。噛んで、噛んで、カズノコをプチプチと、酢飯と一緒に噛みつぶしていくと、あら不思議!　他に類を見ない絶妙な食感バランスで、新たな世界を感じさせてくれます。

標準和名	―
美味しいサイズ	―
美味しい時期の目安	通年(塩漬けにされるため)

カズノコの
親、ニシン

おせち料理の定番！

イクラ、トビコなどいくつかある魚卵系すしダネの中でも、圧倒的に食感があるのがカズノコです。コリコリ、プチプチとしたあの特徴的な歯ごたえは、好みが明確に分かれる要因にもなります。あなたは好き？　嫌い？

子孫繁栄の象徴として、正月やお祝い事でも長年愛されています。

奥はニシンの
白子です

海の生クリーム

シラコ

シラコとは、オスの精巣の通称。一般的にシラコといえば、おもにマダラ（132ページ）の精巣を指します。すし屋では漢字で「白子」と書かれることが多いです。

未熟なものと成熟したものでは、見た目も味も、食感も異なります。ある程度成熟したシラコをすしにすると、クリーミーで甘く、とろりとした濃厚な味が酢飯に絡みます。そのうえ海苔や醤油、ポン酢などと一緒に食べようもんなら、口の中がうまみのオーケストラで大変なことに。冬季限定のケーキもいいですが、冬にしか味わえない海の生クリームもぜひご堪能ください。

標準和名	―
美味しいサイズ	―
美味しい時期の目安	冬

シラコで
パンパンの
おなか

輝かしくも切ないシラコの評価

これまで、さまざまな魚種の「シラコ」を食べてきました。どれもミルキーなシラコ味というのは共通していますが、そんな中でもやはりマダラのシラコは大きさも味も格別です。シラコの評価が高すぎて、逆にマダラのオスの「身」は、悲しいほどに低評価で取り引きされています。

腹を開くと大量のシラコ

ムラサキウニ

駆除されまくっている高級すしダネ

全体が黒っぽく、紫色を帯びているムラサキウニ。海藻を中心に、何でも食べて「海の循環」の役割を果たす反面、その食害で地域によっては、駆除が推進されることもあります。

よいエサをたっぷり食べたウニは身も美味しく、酢飯と合わせると衝撃的な相性のよさ！　初めてウニを食べた岡田少年の記憶に深く刻まれる味でした。あえて軍艦巻きにせず、ウニと酢飯だけで堪能したい派の方もいますが、海苔との相性のよさも間違いなし。どちらにしても〝口の中に海が広がる〟という表現がぴったりです。

標準和名	ムラサキウニ
美味しいサイズ	殻径7cm以上
美味しい時期の目安	春〜夏

黒に近い、
濃い紫

ウニと海藻の良好なバランスとは

各地の海を定期的に潜っていると見えてくる海藻の減少化、「磯焼け」問題。海藻復活に向けて各地で取り組みが行われていますが、なかなか困難な問題となっています。

下の写真は海を覗きこみ、カギを用いて獲る漁に使われる「箱メガネ」。ただし一般的には素潜りや潜水で獲ることが多いです。

箱メガネ

ウニは高価なものでいい

キタムラサキウニ

名前も形状もムラサキウニに似ていますが、ムラサキウニよりも大きく育ち、身も大きめです。

すしにして口に入れると、舌にのせた瞬間に甘みを感じます。酢飯と一緒に噛み進めれば、塩気とまろやかな苦味が混ざり合い、キタムラサキウニにしか表現できない独特な海の香りとうまみが完成します。

殻からむいたばかりのものや、塩水に浸かった状態で流通しているものなら特に、醤油すら不要と思えてしまうほどです。

標準和名	キタムラサキウニ
美味しいサイズ	殻径約8cm
美味しい時期の目安	春〜夏

こんな風に
入っています

トゲトゲの中の5つの宝物

海に潜って獲り、トゲトゲに注意しながら割って生殖巣を取り出す（あの黄色いピロピロは、1個のウニに5つのみ）。この作業を繰り返し行う。全工程を体験すると、ウニは高価な存在でいいと納得できます。秋が産卵期なので、初夏のころが美味しいです。東北以北で獲れ、特に「北三陸ファクトリーのうに牧場」がすごい！

中央がウニ
の口

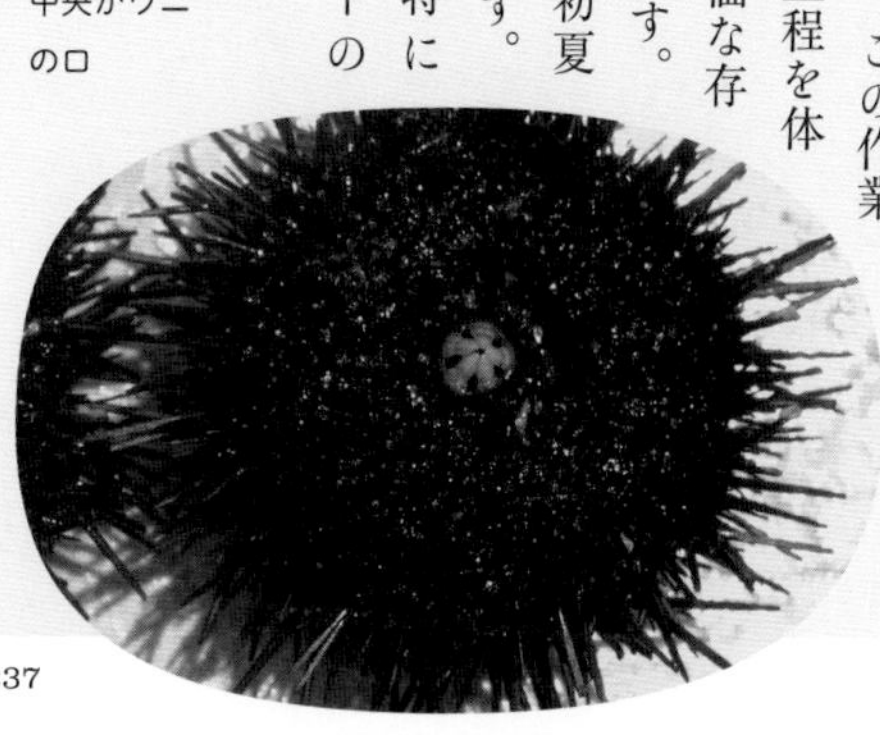

手間ヒマの結晶!

バフンウニ

「濃厚で甘い!」――初めてバフンウニを口いっぱいにほおばったときの感動は、きっと生涯忘れることはないでしょう。

ウニの中でも小さめで、殻径5㎝にも満たないことが多いバフンウニ。まず殻を割って、さらに小さな可食部を取り出し、集めて一つのすしにするのですから、本当に手間のかかる贅沢な食べ物です。高価格の対価として味はもちろんのこと、この技を磨くまでの経験値は、もはやお金で買えないものだと僕は感じてしまいます。

標準和名	バフンウニ
美味しいサイズ	殻径約5cm
美味しい時期の目安	夏〜秋（地域差あり）

手のひらに載るコロコロサイズ

減りつつある小さな至宝

ムラサキウニやガンガゼ（ウニの一種）に比べて数が少なく、減少傾向にあるようです。トゲトゲしているとはいっても、手で持てる程度。殻ごとかぶりついて中身を狙う魚たちもいるくらい美味しいわけです。改めてウニの価値を再考していただけたら、この本の作者冥利に尽きます。

先の細いスプーンで取る

〃ウニレベル〃高め

アカウニ

「赤が一番うまくて高級なんだよ」、そう言われて食べたから感動したのではなく、本当に美味しかった！

まさに〃濃厚〃と表現するにふさわしい味わい。容姿はムラサキウニに似ているし、生きている間に食べているものも近いのに、この濃厚さはなぜだろう？ どうやら「水深」に秘密があるようです。ムラサキウニよりも少しだけ深い場所に生息しているアカウニは、その深度にある良質な海藻類を食べているのでしょう。詳しいことは、潜って調べに行かなくちゃ。

標準和名	アカウニ
美味しいサイズ	殻径7cm以上
美味しい時期の目安	夏～秋（地域差あり）

ピンクや紫を
帯びた赤色

赤くて貴重な幻のウニ

名前の通り見た目が赤く、素潜りで獲られることが多いです。形はムラサキウニに似ているものの、味の濃厚さやなめらかさが違い、食べた人の多くが大絶賛する甘さを持っています。僕に漁業権があるのなら、すぐにでも潜って探してみたい！　とても希少で幻のウニです。

エサになる海藻
とともに

シロウオじゃなくて、シラウオのほう

シラウオ

「シラウオ（白魚）」と「シロウオ（素魚）」という極めて似た名前の魚がいますが、前者はシラウオ科、後者はハゼ科。似ているけれど、別の魚です。

シラウオは、江戸前ずしの代表的なタネの一つでした。昔は春になると、産卵のために隅田川へやってきたシラウオを網で獲り、煮たり蒸したりしたものを束状にして、握りずしにしていました。現在はシラウオのすしを出すお店自体が少なく、春に食べられたら幸運です。一匹一匹の姿を見ていると、より一層、命を食べることへの感謝の気持ちを思い出させてくれます。

標準和名	シラウオ
美味しいサイズ	約7cm
美味しい時期の目安	春

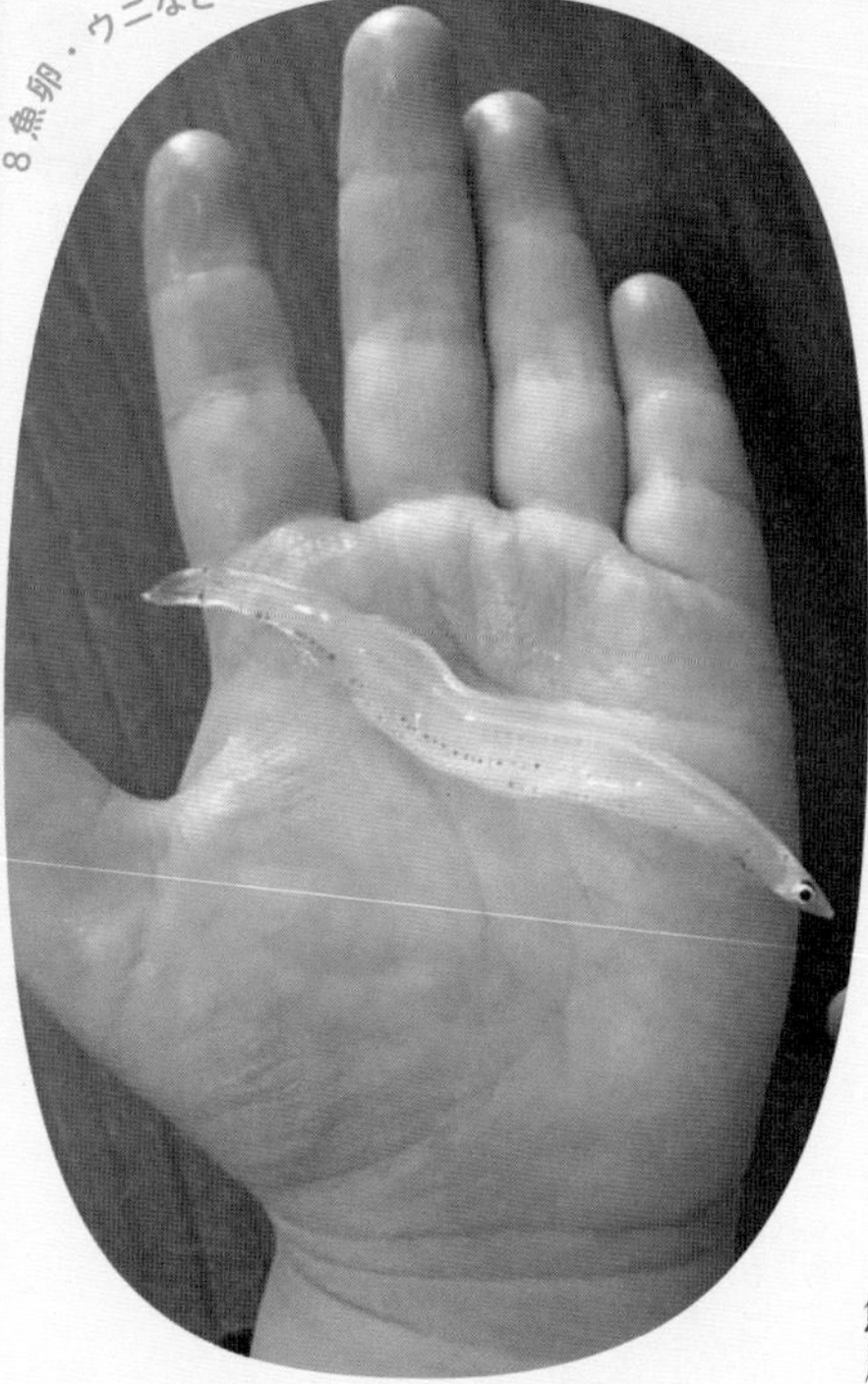

子どもの手に
のせたサイズ感

小さな魚体を新鮮なままで

目の細かい網を使い、「船びき漁法」や「帆びき網漁」と呼ばれる方法で獲られるシラウオ。透明な魚体を維持したまま鮮度よく出荷するために、船上で氷締めにするなど、流通前から漁師の方々の繊細な心遣いによって丁寧に扱われています。

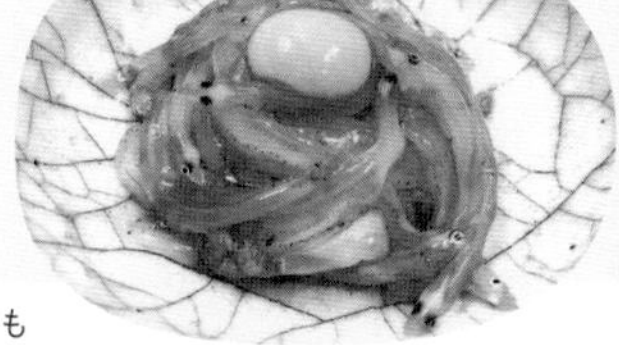

ユッケ風にしても

コラム3

すしと醤油の、もう一歩先へ

「握りずしには、どのように醤油をつけるのが正しいですか?」

お客様によく聞かれることの一つです。

僕の場合は、醤油で召し上がっていただくすしには刷毛で醤油を塗って出すことが多いのですが、いわゆる刷毛醤油店（絶妙に醤油を塗って提供する店）にせよ、セルフ醤油店（お客様が自由に小皿の醤油につけて食べる店）にせよ、気を付けることは同じ。ポイントは「魚の脂」の扱いです。

本文にも何度か書きましたが、脂たっぷりのすしダネは、魚側を醤油につけた瞬間に小皿の表面に脂が広がります。しかも脂が醤油を弾くので、理想量の醤油がなかなかうまくつかない。そのため、酢飯側にちょこんと醤油を染み込ませて食べることをおすすめしています。

刷毛醤油店で醤油を塗る際も、脂が少なく淡白な白身魚やイカなら、同じ刷毛を続けて使用しても問題はありません。しかし脂の強い魚だと刷毛に脂が付着し、次のすしダネに影響します。使った刷毛を醤油入れに戻すと、そこにも脂が浮く。そのあたりも考慮して醤油や刷毛を使い分けたり、提供順を考えたりしています。魚の脂を含んだ醤油はむしろうまみが増し、美味しく感じるものではありますが、一つ一つのすしダネと向き合うなら気を付けたいところです。

「一魚一醤」の食べ比べ

醤油について、もう一つお話ししましょう。

すしにはさまざまな調味料が合いますが、やはり塩や醤油などシンプルな調味料との相性は秀逸。すしに限らず、皆さんも日頃から〝醤油のすごさ〟を実感していると思います。「そのまま食べる冷奴と、醤油をかけた冷奴」「そのまま食べるたまごかけごはんと、醤油をたらしたたまごかけごはん」……醤油の偉大さを感じる瞬間です。

日本が誇る醤油ですが、醤油そのものが十分美味しいため、一歩進んだ「すしダネとの相性」の探究がおざなりになっているようにも感じます。十分といえば十分ですが、醤油にもたくさんの種類があります。たとえば、白醤油、薄口醤油、甘口醤油、濃口醤油、再仕込醤油、溜《たまり》醤油など。

好みがそれぞれなのは承知の上で、どのすしダネにどの醤油がベストマッチか、提供する側は知っておきたい。そこで、さまざまなパターンで検証した結果、ある程度の傾向が見えてきました。

たとえば白身魚に合うのは、白醤油や薄口醤油系。マグロの赤身には、再仕込み醤油や溜醤油系。すしダネの味をつぶすことなく際立たせます。

驚いたのが「煮アナゴの握りずし」です。

関東のすし屋のほとんどは、濃口醤油でマアナゴを煮ます。僕も修業時代から、いや独立後もずっと濃口醤油で煮てきましたが、常に90点以上をいただける味でした。何の疑いもなく自信満々で仕込んできたわけですが、あるとき、さまざまな醤油で煮アナゴを作り、食べ比べる企画をしました。その名も「一魚一醤《いちぎょいっしょう》」。

前述の6つの醤油で煮たアナゴずしをみんなで食べ、一番美味しいと感じたものを発表し合ったところ、なんと断トツ1位に輝いたのは薄口醤油だったのです。

マアナゴの味をもっとも引き立て、口に入れた瞬間から飲み込むまでずっとパーフェクト。僕自身も初めて食べ比べて衝撃を受けた、醤油の可能性。

何事も驕《おご》ることなく、向上心を忘れずに挑戦すべきと、煮アナゴのすしから教えてもらいました。

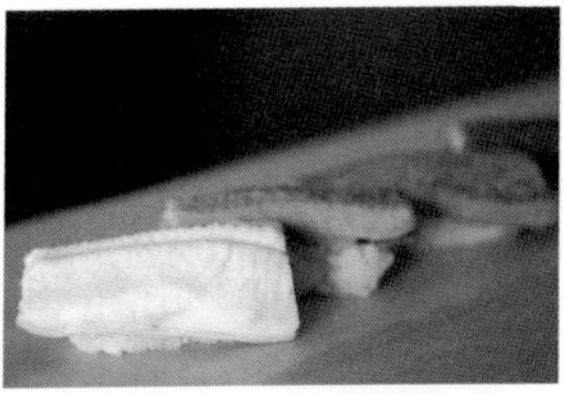
薄口醤油の煮アナゴずし

おわりに

最後までお読みいただき、ありがとうございました。
すしが食べたくなりましたか？
はたまた、釣りに行きたくなりましたか？
（両方！　という方もいるかもしれませんね）
100種を優に超える、バラエティ豊かなすしの世界。
今はまだ食べたことのないすしダネも多いはず。
いつか出合える日が待ち遠しいですね。
すしの世界は本当に多彩で、ベーシックな握りずし以外にも、
日本各地に伝わる郷土寿司があったり。

新たな食材や組み合わせに驚かされる、
世界の「SUSHI」があったり。
邪道、などと言われることも少なくなってきた昨今のすし業界。
自分が好きだと思うすしが、あなたのすし。それでよいのです。
きっと本書を手に取ってくださった方の多くは、
〝最後の晩餐〟にすしを選ぶほどのすし好きでしょう
(……そうですよね?)。
「おいしいすしをたくさん食べた人生だったな」と
思っていただけるように。
これからもまだまだ続く、皆さまのすし人生。
本書が少しでもそのお役に立てたなら幸いです。

参考資料

『釣りが、魚が、海が、もっと楽しくなる 海の魚大図鑑』石川皓章（著）・瀬能宏（監修）・隔週刊つり情報編集部（編）、日東書院本社
『図説 魚と貝の事典』望月賢二（監修）・魚類文化研究会（編）、柏書房
『エビ・カニの疑問50』日本甲殻類学会（編）、成山堂書店
『魚の科学事典』谷内透・中坊徹次・宗宮弘明・谷口旭・青木一郎・日野明徳・阿部宏喜・藤井建夫・秋道智彌（編）、朝倉書店
『築地魚河岸 寿司ダネ手帖』福地享子、世界文化社
『プロもビックリ!! すし図鑑ミニ』ぼうずコンニャク藤原昌髙、マイナビ文庫
『すし手帳』坂本一男（監修）、東京書籍
『将太の寿司』寺沢大介、講談社
ぼうずコンニャクの市場魚貝類図鑑
https://www.zukan-bouz.com

写真

遊漁船STEEL（P13）
一般社団法人焼津市観光協会（P15）
株式会社フィッシングマックス（P17）
イーストポイント（P19）
1010番地 小泉直也（P21）
さかな人 長谷川大樹（P23）
BG-hirado 村田勇（P107、123）
秋葉康至（P162、168、192）
著者（右記以外）

協力

有限会社タカシン水産
株式会社ヤマサ脇口水産
合同会社フラットアワー
株式会社issei
山洋丸
寺田一人
加地美紀（えのめ荘）
岡田結
高知県漁業協同組合　清水統括支所
平進丸　佐々木俊幸
林遊船
奥野忠弘
渡部美奈子

築地 漬け亭　店主 影山亮
彦次郎丸　畑中功
新潟漁業協同組合柏崎支部　荒浜分会長 柴野一志
新潟県柏崎市
ささ川　笹川隆司
一財)電源地域振興センター　大石規雄
土佐ひめいち　河原多絵
ほたるいかミュージアム
本田継司
TOMIMARU
和田山真央
小浦裕司
大山浩輝
水道ギャラリー suido cafe
漁師の売店　海神丸
本藤靖
坂岡正彦
高橋学
糸島漁業協同組合　加布里支所
山哲水産
株式会社ダイチク佐渡
しろえび壱番屋　棚辺水産株式会社

富山湾しろえび倶楽部
植垣賢人
山口県漁業協同組合宇部統括支店西京ハモ共同出荷グループ代表　村上幹男
株式会社きっかわ
武藤博道
大川漁志
酒井優
北三陸ファクトリー 下苧坪
袈裟丸彰蔵
長崎県松浦市
㈱ジェイアール東日本企画　ソーシャルビジネスプロデュース局　天下谷宗男
山崎友香
福嶋葉子(能登島 葉波)
佐味一郎(Fのさかな編集長)
職人醤油

校正
西野敬
鷗来堂

【ま】
マアジ　42
マアナゴ　216
マイワシ　40
マカジキ　22
マガレイ　66
マコガレイ　66
マゴチ　114
マサバ　46
マダイ　56
マダコ　160
マダラ　132
マナガツオ　134
マハタ　76
ミズダコ　162
ミナミマグロ　14
ミルクイ　180
ムツ　98
ムラサキウニ　234
メイチダイ　60
メカジキ　22
メジナ　106
メバチ　20
モロトゲアカエビ　200

【や】
ヤリイカ　144

サクラマス　88
サザエ　184
サヨリ　38
サワラ　50
サンマ　36
シイラ　28
シマアジ　44
シャコ　194
シラウオ　242
シラエビ　204
シロギス　90
シロメバル　122
スズキ　108
スルメイカ　148
ズワイガニ　206
ソデイカ　158

【た】
タイラギ　176
タチウオ　70
トヤマエビ　198
トラフグ　68
トリガイ　170

【な】
ナミガイ　180
ニジマス　86
ニホンウナギ　218

【は】
バカガイ　174
ハガツオ　26
ハナサキガニ　210
バフンウニ　238
ハマグリ　178
ハモ　220
ヒラスズキ　110
ヒラマサ　138
ヒラメ　62
ビンナガ　18
ブリ　136
ホウボウ　116
ホシガレイ　66
ホタテガイ　168
ホタルイカ　146
ボタンエビ　198
ホッケ　130
ホッコクアカエビ　196

標準和名 索引

【あ】

アイナメ　112

アオハタ　80

アオリイカ　152

アカアマダイ　72

アカウニ　240

アカガイ　166

アカカマス　124

アカハタ　78

アカムツ　96

アカメバル　122

アカヤガラ　118

アラ　102

イサキ　104

イシダイ　126

イトヨリダイ　128

イワガキ　188

ウツボ　222

ウバガイ　172

ウマヅラハギ　94

エゾボラ　182

エゾボラモドキ　182

オオモンハタ　84

【か】

カサゴ　120

カツオ　24

カミナリイカ　156

カワハギ　92

カンパチ　140

キジハタ　82

キタムラサキウニ　236

キハダ　16

キンメダイ　74

クエ　100

クルマエビ　192

クロアワビ　186

クロダイ　58

クロマグロ　10

クロメバル　122

ケガニ　208

ケンサキイカ　150

コウイカ　154

コノシロ　32、34

ゴマサバ　48

【さ】

サクラエビ　202

ホタルイカ　146
ボタンエビ　198
ホッキガイ　172
ホッケ　130

【ま】
マアジ　42
マアナゴ　216
マイワシ　40
マゴチ　114
マサバ　46
マダイ　56
マダコ　160
マダラ　132
マナガツオ　134
マハタ　76
ミズダコ　162
ミナミマグロ　14
ミルガイ　180
ムツ　98
ムラサキウニ　234
メイチダイ　60
メジナ　106
メバチ　20
メバル　122

【や】
ヤガラ　118
ヤリイカ　144

コハダ　32
ゴマサバ　48

【さ】
サクラエビ　202
サクラマス　88
サザエ　184
★サバ　46
サーモン　86
サヨリ　38
サワラ　50
サンマ　36
シイラ　28
シマアジ　44
シマエビ　200
シャコ　194
シラウオ　242
シラコ　232
シロエビ　204
シンコ　34
スズキ　108
スルメイカ　148
ズワイガニ　206
ソデイカ　158

【た】
タイラガイ　176
タチウオ　70
ツブガイ　182
トビコ　228
トラフグ　68
トリガイ　170

【な】
ノドグロ　96

【は】
ハガツオ　26
ハナサキガニ　210
バフンウニ　238
ハマグリ　178
ハモ　220
ヒラスズキ　110
ヒラマサ　138
ヒラメ　62
ビンナガ　18
ブリ　136
ホウボウ　116
ホタテ　168

すしダネ名 索引

★印は探しやすいよう、より一般的な表記も入れています。

【あ】
アイナメ 112
アオハタ 80
アオヤギ 174
アオリイカ 152
アカウニ 240
アカガイ 166
アカハタ 78
★アジ 42
★アナゴ 216
アマエビ 196
アマダイ 72
アラ 102
アワビ 186
イクラ 226
イサキ 104
イシダイ 126
イトヨリダイ 128
イワガキ 188
★イワシ 40
ウツボ 222
ウナギ 218
ウマヅラハギ 94
エンガワ 64
オオモンハタ 84

【か】
カサゴ 120
カジキ 22
カズノコ 230
カツオ 24
カマス 124
カミナリイカ 156
カレイ 66
カワハギ 92
カンパチ 140
キジハタ 82
キス 90
キタムラサキウニ 236
キハダ 16
キンメダイ 74
クエ 100
クルマエビ 192
クロダイ 58
クロマグロ 10
ケガニ 208
ケンサキイカ 150
コウイカ 154

岡田大介　おかだ・だいすけ
すし職人歴27年。現在は「すし作家」として、海、魚、すし、海藻にまつわる様々な活動を行う。「生きものが食べものになるまで」を突きつめるため、すし職人としての経験や知識を活かしながら、釣り、素潜り、スキューバダイビングをして食材のホームグラウンドに入り込んでいる。
著書に、写真絵本『おすしやさんにいらっしゃい！　生きものが食べものになるまで』(岩崎書店)、『身近な食材で豪華に見せる　季節のおうち寿司』(PHP研究所)がある。

本作品は当文庫のための書き下ろしです。

ビジュアルだいわ文庫

すし本《ぼん》
海《うみ》から上《あ》がって酢飯《すめし》にのるまで

著　者　岡田大介《おかだだいすけ》

2024年5月15日第一刷発行
2024年8月30日第四刷発行

発行者　佐藤 靖
発行所　大和《だいわ》書房
東京都文京区関口1-33-4　〒112-0014
電話03-3203-4511

デザイン　山田和寛＋竹尾天輝子(nipponia)
印　刷　歩プロセス
製　本　ナショナル製本

ISBN978-4-479-32087-6
乱丁本・落丁本はお取り替えいたします。
https://www.daiwashobo.co.jp/